因為無法回到過去，
只好動筆書寫下來。
一則記錄，
一則療癒……。
本書沒有華麗的詞藻，
也沒有浮誇的情節，
只有最真摯的情感……。

歲月無聲

歲月無聲

三小咖校長的天龍國八部

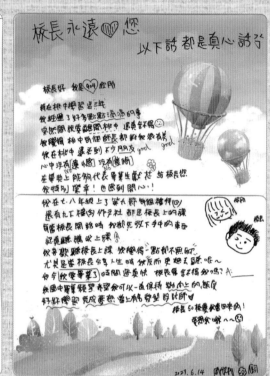

To 校長：
　全校最重情和義的校長！謝謝校長一直為了學校的大家日夜奔波著，努力幫助學校變得更好！但我要感謝校長的，可不僅限於管理學校，實際上校長對我的關心及照顧，才是最令我銘記在心的！記得之前幾次相同原因和同學起了紛爭，校長也總是第一時間前來關心，並且在九年級後每一次大考，校長都屢次在意著我的成績並給予我鼓勵，也時時對我充滿信心，真的令我十分感動。其實從和籃球社分道揚鑣後，我也不斷嘗試進入校長的作文社，可惜每次總是擦肩而過（不過話說還是有5級分啦^v^），就連作文比賽一部分原因也是為了校長參加（證實校長沒看錯人！），另外校長送的國文歷屆試題，也成功讓我的國文衝上A啦！真的謝謝校長時刻都在為我的成績著想！最後，
　祝桃中最具情的校長&Beyond隱藏成員，畢業快樂！！！

情和義，值千金！

by JWC致瑋

校長永遠♡您

以下話 都是真心話ㄛ

校長好 我是904炳剛

時在桃中學習邁三年，
放如歷了好多點點滴滴的事
更然閉眼要離開桃中，還真捨不得☺
放覺得 桃中的師長都對我很親善
放在桃中 還交到不少朋友 yeah good ♧
心中祥有 [遺小憾] 沒有機開，
在畢典上 能夠代表畢業生發表 在 給校長您
放特別 榮幸！也感到開心！！

校在七、八年級上了您大舒 的個禮拜(回)
長有九下禮的作文社 都是校長上的課
圖當校長開課時 都都先收下手中的東西
認真讀寫、聽我上課 ♣
放喜歡聽校長上課 放覺得一點都不無聊
尤其是當校長分享人生 時 放反而更想上課 呢～
如今[快要畢業了]時間過真快 校長還記得我嗎？A：____
放國中畢業後 希望我可以一直保持著 向上的態度
好好學習 長大要想 當上能夠幫助 別的師日
校長 55 校慶放會回來的！
要想放喔～ ^_^🐶

2023.6.14 炳剛😊剛

國立臺灣師範大學工業教育學系
博士學位論文
指導教授：宋修德 博士

技專校院與文化創意產業產學合作機制之研究

A Study on the Mechanisms of Industry-academy
Cooperation between Technological Universities
and Colleges and Cultural Creative Industries

研究生：洪偉盛 撰
中華民國 104 年 6 月

給 校長

校長 謝謝您這三年的陪伴與教導
謝謝您幾乎每天都在校門口看我們上學
謝謝您幫忙我這麼多
謝謝您每次的鼓勵！
今天的畢典 真的很感動😭
謝謝師長們這麼用心的準備畢典
雖然我們這屆沒有隔宿 沒有會考後的生活 沒有實體的畢典 但還是謝謝您們
我在桃中這三年過得很好 很快樂！
感謝有您們這群老師的教誨！
您說過 您和我們一起進入桃中
所以回憶特別多！真的很開心能和您一起進入這間學校🏫謝謝您們 給我這三年的回憶都這麼美好🥹今天 我畢業了✒要正式離開桃中了 畢業後我會常常回去學校的！最後還是要謝謝校長🙏感恩！！！

臺北市政府教育局獎狀

北市教學字第 1123039251 號

臺 北 市 立 桃 源 國 民 中 學
榮獲本局 111 學年度第 2 學期
推動友善校園週活動國中組
績優學校 殊堪嘉許 特頒此狀
以資鼓勵

局長 湯志民

中華民國 112 年 9 月 28 日

臺北市立桃源國民中學107學年度卸新任校長交接典禮

三小咖校長的天龍國八部

助理教授證書
Academic Teaching Rank Accreditation Certificate Assistant Professor

助理字第 154454 號
REG.NO.:154454

洪偉盛
由城市學校財團法人臺北城市科技大學送審並經本部依專科以上學校教師資格審查辦法審定合於助理教授資格,年資自111年10月1日起計

The application for Mr. WEISHENG HUNG at Taipei City University of Science and Technology to be conferred the rank of Assistant Professor has been reviewed by the Ministry of Education, in accordance with the Accreditation Regulations Governing Teacher Qualifications at Institutions of Higher Education. The Ministry of Education has approved the conferring of the academic teaching rank of Assistant Professor on Mr. WEISHENG HUNG, effective from October 1, 2022.

ID Number:D121486559
Date of Birth:December 18, 1976
Date of Issue:October 1, 2022

部長 潘文忠

Wen Chung Pan

Wen-Chung Pan
Minister of Education
Republic of China (Taiwan)

中華民國 111 年 11 月 7 日

推薦序

1 慎終如始

時間長河中，初次與偉盛相遇，是我做系主任的時候。那時他被選為教育系學會總幹事，希望申請經費舉辦相關活動，我要求他撰寫計畫。初次接觸，就留下深刻印象。計畫內容雖不完備，但卻條理井然且邏輯清晰。那時大學生事務繁忙，多半不願擔任為系所服務的行政工作。偉盛卻用盡全力，為同學爭取福利，相當異類且精神可嘉。

幾次接觸後，對於他的背景有所了解。家庭變故，由祖父母扶養長大。偉盛有南台灣男孩的純樸與堅毅，雖然有時不夠權變，但卻是擇善固執。大學畢業後，介紹他到私立高職夜間部執教。班上同學多半社經地位不高，有的甚至擔任檳榔西施，上課期間繼續化妝打扮，令人嘆為觀止。面對學習動機低落的學生，偉盛卻能夠因材施教，運用學生熟悉的語言進行教學。他與學生打成一片，憑藉的即是

一顆誠懇的心。不因學生的不足而加以歧視，這是許多明星大學學生所難以企及的。

後來他正式進入國中執教，並擔任多年的行政工作。由於要求完美，不免與學校體制有所扞格。我告訴他身為基層，多少會受到體制的限制，將來當了校長，或許可以一展雄志。他似乎有所領悟，經過多次努力，終於得償所願考上候用校長。不過擔任校長更需調和眾議，不如意之事自然接踵而來。不過偉盛有他的理想與堅持。假以時日，必能有所展現， 衷心祝福他。

時光流轉，我們都走在崎嶇難行的教育路上，旅程中會遇見不同的風景。身為教育工作者，有人痌瘝在抱，有人獨善其身，有人御風前行，有人卻謹慎躑躅。不管時間的羅盤如何安排，我們多半仍需踽踽而行，直到旅程最後的終點。

孤獨的旅程，幸而有學生的陪伴。多年來，不管世事如何變遷，他們總會在淒冷的夜晚獻上一份溫暖。大家都已不再年輕，師生關係轉為淡如水的君子之交。生命的美好最後不免凋零消逝，時序遞嬗，感謝當年陪伴我的那群小帥哥，而偉盛就是其中的重要成員。

老子有言：「慎終如始，則無敗事」。校長生涯有了好的起跑，仍要堅持到終點；並與開始的時候一樣謹慎，記住「強行者有志」的道理，這樣事情才會圓滿。話不多說！偉盛好不容易出書，祝福之餘，以下就請讀者靜心聽他娓娓道來。

秦夢群

政大教育行政與政策研究所
名譽教授

2／從不平凡的洪校長，
尋找自己的人生答案

社會學的金科玉律「環境影響行為」，完整映照在我所認識的洪校長身上。很難想像他不平凡的人生歷練，造就了不平凡的教育家；一位個性堅持而又態度柔軟的台灣南方漢子，秉持師恩作育英才，身旁的夥伴們深刻感受到如此不平凡的氣場，並深為折服，恐怕洪校長本人也不自知。

在任職北投區長期間，結識了個性踏實身材穩重的桃源國中洪校長，我們首創台北市「北投送暖」弱勢學生的免費課輔計畫，在頻繁互動的打拼過程中，方才真正認識到這個厲害傢伙，非但心中有理想，行動更是準確到位，說他是愛心校長、文化學者及教育家一點也不為過。但是身為好友的我，不免要刨根挖底的追溯一番，這位教育界的奇葩到底經歷了甚麼樣的奇幻旅程呢？洪校長成長於令人稱羨的古都台南，濃郁的文化氛圍、良好的家教，點觸心中的文化底蘊，最重要的引燃起點，原來就是5歲在自家縱火，以此開啟他不平凡的人生，紅紅火火的鬧熱發展下去；其後好學生的求學過程，直到填錯大學志願的美麗

誤會，至此引導愛心校長康莊大道。隨後當兵的預官磨練
際遇，竟與在下有如此雷同之處，軍中茅廁經過也就於茲
不贅了，更為奇妙之處是攻讀研究所時，無論是碩士與博
士，我們都有幸受教於恩師且日後影響極大，於我心有戚
戚焉，真是感同身受是也！所謂天助自助，自助而後人
助，洪校長在不平凡的磨練際遇後，終至孕育出不平凡的
愛心校長、文化學者及教育家！

我們可以從一個人的磨練際遇近身觀察，回溯成長道路與
判讀發展軌跡，我們所認知的洪校長，他就是平凡中的不
平凡，充沛的愛心、豐富的內涵及美讚的理想等，從他身
上可讀、可學、可效之處甚多，也期待讀者可以透過此
書，尋找自己的人生答案！

于保雲

臺北市北投區前任區長，
現為銘傳大學與開南大學助理教授

3/ 性格中交錯著
正直與幽默的偉盛吾友

在北投能夠認識偉盛是一件特別美好的事，因為在生命中能夠擁有少數幾位真性情的好友實屬珍貴！

還記得某日午後陪同前老闆于保雲區長拜訪桃源國中，席間兩個男子漢為了推動「北投送暖」專案侃侃而談，我在這過程中如實感受到了他們迫切想為在地付出的熱情，並希望對弱勢家庭可有實際扶助的理想；因此套用偉盛的此次書名《三小咖校長的天龍（國）八部》所言，有幸逢時參與這個專案的我，想像自己也是三小咖的其中一咖，哈！但我知道這書名原來的詼諧用意並非如此。總之，前年迄今于前區長與偉盛校長和我三人聯手耕耘後，確實真真切切的在這些日子裡付出了微不足道的一點點貢獻，也無意間得以在繁忙公務中獲得一絲絲的成就感。

每次在跟身邊朋友分享自己二十年來的官場現形記時，常有同事開玩笑問說要不要乾脆寫成一本書？所以當聽到偉盛提出寫書的夢想時，我驚訝於他的瘋狂跟傻勁，亦殊不

知他真的辦到了，然後我還很認真地邊看邊笑邊雞皮疙瘩感動的看完初稿（我們果然頻道應該滿接近的，呵呵）。據說貫穿此書最主要元素是「情」與「義」，我覺得這精準的描繪出偉盛個人特質，甚而應該再加上一些些他對理想的偏執莫名可愛；每次見到他，都會想起在第一次碰面時，他分享從政大到基隆免費家教的那件事，深深覺得這份熱情跟堅持也應該是他血液裡的DNA，更加也是支撐他持續在桃源國中為莘莘學子們打拼的力量。

平常我就喜歡看偉盛的臉書文章，因為他總是用幽默的文字描述出公務修行的一些無奈常讓我會心一笑，而且忍不住留言深表認同，這次他利用公餘把自己成長的過程寫成了一本幽默的故事書，實在讓人佩服，而且真的百讀不厭啊！

周明怡
臺北市北投區現任副區長

4

這本書實在是太有趣了，宛若校園與社會的浮世繪。

我與偉盛校長的結緣早在他擔任介壽國中學務主任時，就知道有一位執事認真又處處為學生設想的優秀訓導人員。我個人於2009年開始在社子島福安國中擔任校長服務八年，之後轉任同為需要尋求更多社會資源挹注的新北投溫泉區的新民國中服務六年；今年很歡喜有機會再次轉任回福安國中。因緣際會，2018年臺北市立大學（臺北市立教育大學博愛校區前身）開辦多年的「初任校長導入班」師徒配對時有幸與之同組，他總是很客氣地稱我為師傅校長，我實在愧不敢當。

偉盛校長目前服務的北投區桃源國中其實與我頗有淵源，受人萬般景仰推崇的前前任校長徐子壽先生於2003年與我同為臺北市第一期校長培育班同學、2005年再與我成為臺北市校長培育班陽明12期同班同學，子壽校長終身致力於為更多需要幫忙的家庭和學子四處奔波；繼之者王福從校長（現任職南門國中）就讀的國中就是我1988年初執教鞭的雲林縣偏遠學校蔦松國中，福從校長總是騎著那輛老舊的摩托車，在學區內、外張羅桃源國中孩子們的學習與生活所需的資源。

上天總是會有巧妙安排，子壽校長與福從校長為期待翻轉更多優勢的莘莘學子辦學治校的DNA共同灌注在處事冷靜務實又聰穎藏拙、待人溫和有禮又熱衷教育，來自臺南的偉盛校長身上，著實青出於藍更勝於藍，成就了今日付梓出版的這本《三小咖校長的天龍（國）八部》。如何從臺

南一般人家子弟自兒時調皮、年少輕狂、入伍從軍、公門服務、學士、碩士、博士，一路打拚到所謂的「天龍國」臺北市；短短十年從國文代課老師到擔任校長，兼具人文教育本科素養與科技教育博士涵養。讓讀者們無論是家長、老師、學校行政人員、校長，甚至正在各行各業打拚的人們有此福氣可以吸取偉盛校長在成就自己也成就他人的這段艱辛又有福報的生命歷程中，迅速汲取養分壯大自己人生又能豐富他人舞臺。

當偉盛告訴我要寫一本有關校長的生命行腳時，我其實很詫異。我說一般不多是等退休或離開這個職場再寫嗎？怎麼還在現職的人就想寫了？他告訴我說就是想寫，不管銷售量如何，就是想寫！我現在終於了解士大夫堅持的志節，這不禁讓我聯想起清朝康熙年間七十二歲才補為貢生蒲松齡先生遺世巨作《聊齋誌異》中羅剎海市這篇所描述的社會怪象，偉盛校長就是這般高風亮節的教育家，勇於表達事實進而解決困境。

我實在佩服偉盛校長太有才了，鄭重推薦讓您一窺教育現場與社會現況堂奧，洪偉盛博士校長所著這本反思自我、勵志未來的《三小咖校長的天龍（國）八部》，您與您的家人及朋友必定獲益良多！

施俞旭

臺北市立福安國民中學校長

2017年全國校長領導卓越獎得主

5

偉盛校長是我國中同學，今其新書問世，甚是榮幸為其寫序！

《三小咖校長的天龍（國）八部》新書書名別具心裁，頗有一種俠士歷經江湖艱險、見識過人間百態，歷經世間滄桑，回過頭來卻能安然、豁達、波瀾不驚、笑看世事的超然姿態。書中講述一段故事主角的人生趣味旅程，如何由年少青澀、經歷成長、最後不斷蛻變、昇華層次的歷程。在這本書的人生旅程中，充滿許多精采的故事。每一個篇章，都有著令人省思的人生小故事與哲理反思，值得細細品讀！

此外，這也是一段南部青年北上求學、打拼、持續成長與進修、成長、立業及奉獻投入天龍國教育事業的歷程。台灣的經濟發展及人口分佈主要聚集在六都，包含台北、新北、桃園、台中、台南、高雄，其中又以首都台北為全國經濟發展的核心，多少年來，無數中南部莘莘學子、青年前往台北求學、發展及就業，進而落地生根，成了網民們暱稱的天龍國人。所以，這也是一部反映台灣北漂青年努力、奮鬥、最後成為天龍國人，並進而在天龍國區域奉獻心力的北漂青年奮鬥史！

偉盛校長於國立台南一中畢業後，考上了國立政治大學教育學系，其同時雙主修企業管理學系及輔修中國文學系，在取得了政大教育及企管雙學士學位後，之後進一步深造獲得政大教育學系行政組碩士、國立臺灣師範大學工業教育學系博士，成為現今台北市桃源國中的博士校長，亦為臺北城市科技大學及台北海洋科技大學通識教育中心的兼任助理教授，其優異治校表現及對學生的愛護、對同仁的關懷，獲得了教育界同仁、學生及家長們的高度肯定與認同！

飲水思源，做人的根本是仁善，百善孝為先。這一點從來都深深烙印在偉盛校長的心中。偉盛校長在北漂近三十年間，不曾忘記他深愛的家人、朋友，每年定期撥空數次回台南老家，探望他的爺爺、奶奶、媽媽、弟弟、妹妹等家人，特別是如父親般幾十年辛苦栽培偉盛校長的爺爺，效法著爺爺職人敬業的工作精神，偉盛校長亦傳承如此信念，持續用心、栽培、春風化雨在那個號稱天龍國區域的諸多學子！

陳佐任

台南應用科技大學企業管理系副教授兼系主任

國立成功大學國際企業研究所博士

2023年09月16日

6 / 教育界我所認識的大俠校長

和偉盛校長是疫情爆發前一年，在介壽國中敬師暨歡送校長活動上認識的，那一年，財瑞校長即將退休，家長會負責舉辦這場活動。我一直覺得介壽校園的和諧與正向的特質，來自於校長、行政人員、老師以及家長志工對校園文化的認同與一致性的支持環環相扣，所以我四處用力打聽了一下，知道在財瑞校長任內，介壽國中培養了兩位校長分別進入了民生國中（陳建廷--現任介壽國中校長）以及桃源國中 —— 洪偉盛校長。我邀請這兩位校長擔任這場活動的祕密嘉賓，讓我意外感動的是偉盛校長用心地找了歌聲和他一樣如同巨星的校內蕭宇廷組長一起在場內展開雙人組曲演唱會（曲目：粵語歌曲Beyond〈喜歡你〉、國語歌曲〈月亮代表我的心〉），讓整個氣氛嗨到最高點—那也是我第一次認識偉盛校長。

接下來就是因為國中聯合會的關係，帶著聯合會團隊夥伴參觀拜訪桃源國中時，更加認識了偉盛校長。桃源國中在北投以及關渡交接處的小山丘上，學生人數雖不多，卻是享有一大片綠色森林以及蟲鳴鳥叫聲環繞不斷的世外桃源。偉盛校長非典型的教學風格，讓這群有著不同故事的孩子們找到除了課本知識以外的自我特色認同。偉盛校長以「桃源享學、創藝玩美」為學校的治學理念，創造了嶄新價值與目標，俠義個性的校長骨子裡深藏著溫柔的特

性，常常是率先貼心地發現老師及行政夥伴沒有主動提出的困難與需求，進而提供適當的解決方案。

每一天早上天未亮時他就要從民生社區出發前往已經臨界新北市的校園所在地，他古道熱腸，全心累積對外的人脈資源幫助校內的弱勢孩子。在團體中，他顯得格外恬靜但擅於傾聽。熱愛棒球運動的他，文筆更是對等地精采，好學的他即便已經幾乎將全部時間奉獻給了學校，但他還是用心的向博士學位前進，因為他認為教育是人成為人的過程，為了給孩子的教育作為能夠與時俱進，進而成為更美好的人，他以無止境（盡）的充實學習來實踐自己對教育的理念。

很高興能夠看到大俠校長洪偉盛即將出版他的第一本書，誠心希望透過他的人生故事能夠帶給更多的教育行動家諸多的感動和善的連結。

宋全娟

臺北市市政顧問

臺北市國中學生家長會聯合會榮譽總會長

2023.09.18

人生天地間，貴在情義耳

大學時代就認識偉盛校長迄今約快30年，看他一步一腳印，克服艱辛與困難，朝理想的頂峰邁進。歲月讓他增添成熟穩重；際遇讓他深入人情世故；堅持讓他創造教育奇蹟，唯一不變的還是初認識時那份「真情義」。今日他是一校之長，頭上華髮初生，心中百感交集，但只要一開口，一做事，那個把與人為善的情，助人為樂的義植在骨髓中的少年就會立刻出現在我眼前。

《三小咖校長的天龍（國）八部》是偉盛校長的四十五自述，以第一人稱的口吻將兒時迄今的成長歷程娓娓道來，從與生命中有緣人的互動和影響下，描繪出每一段生命歷程的驚喜與感動，總結了對生命的體悟及啟發，就像在〈兒時記趣〉中寫道：「委屈寧可自己承擔，但一定要給外人一個交代」，父母親教養的觀念，呼應了〈品牌經營〉中：「為了生活，以及對於長輩們有個交代，我想目前的我只能以這種面貌呈現出來，至少沒有脫離

遊戲規則太遠。」從小到今日成為校長，走了這麼遠的路，他惦念的還是長輩的恩情及教誨，並轉化成實踐生命價值的力量。

「人生天地間，貴在情義耳。」這句話是我認識偉盛校長近30年的小結，閱讀本書後，我赫然發現他身上自然流露的天地情義源自何處？人一輩子能認識有情有義的人機緣甚少，更何況能在生活中展現情義，塑成文化意涵者更是微乎其微，能認識偉盛校長很好，但能閱讀這本書，體認箇中意涵的人，更有福氣。

陳榮德

新北市育林國中校長

序

如果我說，我看過人間煉獄，
也走過死亡幽谷，您們相信嗎？

之所以會有這本書，純粹只是想為自己的人生及生命歷程做個紀錄，而書名的由來其實有點一波三折，原本只想命名為《小咖校長的天龍（國）八部》就好，後來覺得「小咖」兩個字實在是不足以形容自己的卑微，於是改成《小小咖校長的天龍（國）八部》，最後演變成現今的《三小咖校長的天龍（國）八部》。不錯，這樣子的形容應該是最為貼切了，以上先跟親愛的讀者們做個簡要說明。

本書共分為八個部分（所以才叫做《天龍【國】八部》），大抵從筆者的年幼時期、青少年、北漂，一路寫到目前的中年大叔（中年危機之看什麼都不順眼的時期）。至於之後的中老年歲月還要不要寫，或者還需不需要寫、能不能寫，那就要看命運的造化了，誠如電影《阿甘正傳》所

說的：「人生就像一盒巧克力，你（妳）永遠也不會知道下一顆會吃到什麼口味的。」《左傳》有云「人生三不朽」：「立德、立功、立言。」我想，我就先處理立言這一塊吧！立德和立功我不敢奢求，因為有太多血淋淋的「晚節不保」的案例，能安全下莊就不錯了，更何況我只是一個三小咖。目前我有兩本碩博士論文存放在國家圖書館裡面，希望能夠再多一本著作在市面上（當然，也有可能在資源回收場）流通。在這個「學歷貶值」的年代，我只是想要做出一點不一樣的區隔。

本書的主要元素就是「情」與「義」。本書的完成，要感謝許多人，除了商鼎數位出版冒險犯難的精神願意幫我出版之外，最重要的就是我的家人及朋友們的支持（我的母親吳惠華女士及前輩好友高美玉女士、鄭志仁先生的部分資助），還有老天爺（天公伯仔），因為我乍看之下是所謂的人生勝利組，然而其實一點也不是，因為我一路走來所承受的挫折與匪夷所思的遭遇，絕對不是常人可以想

像，但我想「一切都是老天爺最好的安排」，諸多巧妙的安排讓渺小的自我也有一些故事可以敘寫及分享，謝天！書中所呈現的內容除了自身的經歷與所見所聞，就是一路走來的時空背景及社會氛圍之更迭，絕無其他用意。

文學大師余秋雨曾說：「一個人在關鍵時刻要堅持自身人格的自我維護，真的不容易。茫茫亂世中，有一個天地堅持固守著，就會帶給你無窮的力量，因為總有一天，當這個社會、時代需要文化時，已有一個人早在做準備了，那就是我。」（《遠見雜誌》，取自https://www.gvm.com.tw/article/10006）

最後，謹以此書獻給我的家人，尤其是我最敬愛的阿公、阿嬤，以及他（她）們所經歷的那個苦難的年代。歲月有限，但精神永存！

洪偉盛

目次

壹

首部曲

01

兒時記趣

**頑皮金孫、打架有兩種、下水道落水、縱火事件、
玩到挫屎、與父親的矛盾情感**

民國65年（1976年）12月，尚未解嚴，卻是一個臺灣經
濟正要起飛的年代，我出生於臺南市成功路的某婦產科醫
院，當時臺南市幾乎每天都有夜市，人人有錢賺，民族
路的夜市更是人聲鼎沸，一隻斧頭狀的烤雞腿（有撒芝
麻粒跟檸檬汁）當時是新臺幣50元（而陽春麵1碗則是10
元），父母親只要帶我去逛民族路的夜市必定會買隻烤雞
腿讓我一路啃回家，就像現在的我會把最好的東西都留給
女兒是一樣的道理，那烤雞腿的滋味真是令人難忘！

說我是含著金湯匙出生的一點也不為過，因為當時阿公的榻榻米生意如日中天，在南臺灣頗有名氣。阿公常常會去標政府的案子，例如榮民之家，一得標就是幾千件、幾百件榻榻米的生意，全盛時期麾下有三十位左右的師傅在製作榻榻米，手上的資金流動在當時算是非常巨大的。我長大以後，阿公有一次得意洋洋地跟我說，其實那些標案的底價是多少他都知道，哈哈，怎麼會這樣呢？阿公也未免太神通廣大了吧？阿公、阿嬤出生於日據時代，故鄉為現今臺南市佳里區的佳里興，年輕時曾經養雞，後來跟日本人拜師學藝，習得製作榻榻米的技術，帶著阿嬤移居到現今的臺南市中西區民權路一段創業。阿公製作榻榻米的時間超過一甲子，說他是榻榻米界的王永慶先生其實一點也不為過，而且兩個人嚴肅時的容貌還真有點相似。我是從小看著阿公縫製榻榻米長大的，家裡的店面及各個角落總是滿佈著稻草的香味，我是個幸福的長孫兼金孫。

其實小時候的我應該沒有太頑皮，只是偶爾會做出一些驚天地、泣鬼神的事情。舉例來說，打架有分為兩種，一種叫做「打贏了」，另外一種就叫做「打輸了」。打輸了，回家父母親會跟我說，以後不要再跟那幾個孩子玩就好了。若是打贏了，對方的父母來家中理論，我就會被老爸毒打一頓，所以就是「贏了面子、輸了裡子」的最佳詮釋。這是小時候父母親給我的觀念：**委屈寧可自己承擔，但一定要給外人一個交代。**

還有一次，連續下了好幾天的雨，那時家裡住在臺南市北區的開元陸橋下，附近有個地下道，人孔蓋不知道被哪個白痴掀開了，積水從裡面竄出來，還有蝌蚪跟魚群。一群玩伴蹲在排水孔旁邊撈魚，這時候竟有個更白痴的人（就是我），大聲地說了一句「看我的」，就踩進去排水孔裡面，想當然爾當然是直接往下沉了。我記得在我整個人沉下去之前，眼前的一幕就是玩伴們都嚇跑了，然後我一直吐氣，因此有氣泡往水面上飄。也不知道過了多久，我再次睜開眼睛時，父親已經抱著全身濕透的我邊走回家，而我全身都在滴水（藉此推測當時的玩伴們應該是跑去找大人

來幫忙了，而不是落跑，還蠻有義氣的……）。這是我做過的另一件蠢事，差點連命都沒了，不過這次老爸不知為何並沒有揍我……。

再講一件最經典的好了，小時候家裡開雜貨店，店面的最前方是賣香菸的櫃子，印象中那個年代好像還沒有洋菸，看到的都是黃長壽、寶島跟新樂園。大部分的客人都是以火柴來點菸，當然火柴用完就會隨意丟棄。我覺得大人點燃火柴那個動作很帥氣，所以有一次我就模仿這個動作，然後也是隨手一甩，結果好死不死就將尚未熄滅的火柴甩到菸櫃裡，然後就燒起來了。我愣了約十幾秒，驚覺狀況不對，於是趕快衝到店面後方的廚房，二話不說拿起水桶開始裝水。當時母親正在煮中飯，問我在幹嘛，我沒有回答，裝了八分滿就往菸櫃方向衝，將水往菸櫃潑去，火勢有稍微變小一些，但是還沒有完全熄滅，因此我又衝第二趟廚房做同樣的動作。這時母親感覺到狀況不對，跟著我來到店門口，大叫一聲「奈A按呢？」，接下來就是母子倆拼命滅火了（有沒有感覺像看到《蠟筆小新》的卡通呢？），後來總算有撲滅火勢，但整個菸櫃也

付之一炬。這下子好玩了，當時不到5歲，幼小的心靈大概也知道這次會很慘。吃完中飯，開始面壁罰跪，中間起來尿尿一次，吃完晚餐，繼續罰跪，直到凌晨1點，母親問我是否知道錯了，這時候就算再白痴當然也要回答「知道」，接下來母親要我去跟父親道歉，之後才幫我洗澡，弄完應該是凌晨2點了。這件事，到今天母親都還記得一清二楚，當親友們在稱讚她兒子的時候，母親有時候都會提起這件事情，說我小時候其實是具有恐怖份子的特質的。

比起打架這種小事，溺水跟縱火事件大條多了，至於其他的蠢事我就不講了，因為相較起來都只是小菜一碟而已。當時是「菸酒公賣局」的年代，要有菸牌才能販售香菸，我依稀記得小時候每隔一段時間都會跟著母親去公賣局批貨，然後再帶回家一包一包地擺在菸櫃裡，然而經過那次縱火事件之後連菸櫃都沒了……。公賣局的櫃台都有一種特殊的氣味，其實應該就是菸草的味道，這個幼時熟悉的味道迄今仍然縈繞在我的腦海中。

阿公阿嬤的店面在當時的建國路（今民權路一段）上，所以我常常是開元路跟建國路兩邊跑。聽說當時有位王里長，是阿公的好朋友，對我非常疼愛，常常會帶著我去拜訪里民，雖然我完全沒有印象王里長的模樣為何，不過仍非常感謝在幼時的生活中有這麼一位疼愛我的長輩。有好幾次在阿公的店面前騎三輪車騎到「挫屎」還繼續騎（當時的年紀可能還不會講出自己已經挫屎了），被阿嬤發現時褲底就有一坨被壓扁的「屎餅」，接著我就會被拉到大馬路邊用水龍頭當場沖洗，三點全露，現在想起來真是太爆笑了。自己當了父親之後，才知道幫小朋友把屎把尿是多麼不容易的一件事。

到了學齡前階段，就讀當時臺南市極富盛名的私立寶仁幼稚園，老師曾經在上課時開玩笑地說要將不乖的小朋友從二樓教室的窗戶扔下去，我信以為真，特別選在園遊會那天，硬拉著母親的手走到老師面前，說老師說要把我從二樓丟下去，當下老師跟母親兩人都不約而同地笑出來，我等於是間接承認自己是不乖的小孩。這是當時的時空背景（親師彼此之間是互信的），然而時至今日，如果有哪一位老師說要把學生從樓上扔下去，不會被媒體踢爆才有鬼呢！

總之，我的年幼時期發生了諸多令長輩們啼笑皆非的事件，或許每個人心目中都會有那麼一段對於童年的回憶，我是金孫是千真萬確的，感謝最疼愛我的阿公阿嬤及父母親，「養兒方知父母恩」這句話真的一點也不假。那，既然是金孫，也就是富三代，為何沒有爽爽過日子，現在還需要在天龍國奮鬥呢？那就必須談到一個令我具有矛盾情感的人，也就是我的父親。

我的父親，在外人眼中是個敗家子，說真的，我在青少年時期偶爾也會這麼想，每逢我遇到人生重要關卡時他總會上演一齣代表作：其一，我考高中時他住院進行心臟瓣膜手術，據說是年輕時受傷造成的，我還記得我是拿著高中聯考的成績單到成大醫院的病房給他看的，分數篤定可以考上臺南一中，他在病床上露出欣慰的表情；其二，我考大學聯考的前一個月，他從工作的地方（在桃園）約莫三樓高的地方墜落，傷及脊椎及腦部，緊急送往林口長庚醫院急救，雖保住性命，然而生活自理能力卻大不如前，行為變成跟5歲小孩沒有兩樣；其三，晚年進出醫院多次的父親，在我準備入伍服兵役的當天凌晨，醫院發出病危通知，於凌晨2時左右撒手人寰，天亮後我先去區公所報備要處理後事，會晚一天去成功嶺報到……。

隔天，家人都在殯儀館處理後事，而我總不能逃避兵役，於是我獨自拉下鐵門，面對老家鞠了一個躬，便隻身往臺南火車站走去，抵達臺中後，沒有軍卡載送，自己攔了計程車往成功嶺奔去。過了幾天到了頭七，我跟部隊長官請喪假南下，當時營區傾盆大雨，好心的班長說要直接載我去成功車站搭車，便遞給我一件軍用斗篷，我套上後緊跟著班長在營區狂奔至停車場，其實身體還是濕透了，但我還是非常感念當時的那位有情有義的班長。我淋雨淋到腦袋一片空白，覺得生命走到這裡，是不是已經算是谷底了呢？若還不是，那到底是要我怎樣（他X的）？當時我心裡一直很怨恨地在吶喊著！到了成功車站，買了往臺中的車票，售票員也就是剪票員，可以想見在傾盆大雨的夜晚，整個車站只有我一個乘客的情景。在臺中車站買了往臺南的莒光號列車，竟然也沒有座位，是站票，我選擇站在車廂與車廂之間，旅客上下車的階梯上坐著。隨著列車行駛，一盞一盞路燈在我眼前閃過，配合列車發出的喀喀、喀喀聲音還有南臺灣的夜景，我不由自主地流下眼淚，沒有人看見。等到列車即將進站時，我趕緊又站起來將眼淚擦乾，就這樣一路「喀」到臺南。我不喜歡放這種假，因為這是喪假。

至於我的父親究竟是個什麼樣的人，當時大致知道他因為誤交損友，為損友兩肋插刀，別人借錢，他擔保，於是欠了一屁股債，當時印象深刻的是偶爾會有債主上門，而有能力幫他償還的當然只有阿公。於是，阿公上半生所打拼的積蓄大概就去掉一大半了，很多人不諒解父親，但為人父母（我的阿公阿嬤）豈有不幫自己孩子解危的道理？這也是後來父親下定決心痛改前非時（遠離豬朋狗友），遠赴桃園親戚的工廠工作的原因，所以也才會從三樓高的地方摔下來，晚年過得頗為淒涼，而那段時間我剛好都在臺北念大學，好不容易完成雙學位準備返鄉服兵役，而他就走了。諷刺的是，父親的告別式當天，我印象中沒有什麼人來致意，損友們全部都銷聲匿跡，只有我跟母親、妹妹及弟弟送他最後一程。阿公阿嬤也不能在場，因為忌諱白髮人送黑髮人。我現在手上沒有任何一張我跟父親的照片，可見我跟他的情感是有多麼矛盾了，不過，我知道他非常疼愛我們家三個孩子，即便當時幾乎沒有任何人看得起他。

我感謝阿公、阿嬤及母親辛苦地拉拔我長大，今天我之所以能夠在天龍國過生活，雖然這也不是什麼了不起的事情，但這三位長輩確實是關鍵，當然，還有另一位，就是我大學時期跟碩士班的恩師：政大秦夢群教授，後面會有

專門的篇幅敘寫恩師是如何栽培與照顧我的。小時候的時光真的是最快樂的，沒有包袱，沒有壓力，還有疼愛我的阿公阿嬤，雖然知道無法回到過去，但是小時候的種種生活情景，至今仍歷歷在目，那是一個美好的年代，每逢國定假日，家家戶戶旗海飄揚，我沒有任何特定的政治立場，但我喜歡那個美好的年代：民國七十、八十年代。

附帶一提，阿公阿嬤年輕時都很喜歡啃甘蔗，家裡幾乎任何時間都會有一包甘蔗擺在阿公的辦公桌上。阿嬤餵我吃甘蔗的方式是非常特殊（原始）的，亦即，阿嬤咬一口甘蔗在嘴裡榨成汁後，直接餵到我的嘴裡，我就是這樣被養大的，雖然以現代的觀點看來好像不太衛生，但這就是阿嬤疼愛孫子的表現，現在阿嬤90歲了，只要我能夠有時間回臺南，我一定會暫時放下手邊的工作回去看阿嬤，聽她用最道地的臺灣國語＋臺語（也算雙語）講述她念茲在茲的人事物，當然，百分之九十的內容都是阿公，因為鶼鰈情深。小時候常常跟著阿公去送貨，說實在的我也幫不了什麼忙，純粹是阿公疼孫子，喜歡載著我到處跑。有一次進到一棟樓層很多的大樓，我對於電梯的按鈕非常好奇，於是送完貨當電梯抵達1樓的時候，我就將「1樓以上全部的樓層」全按了，應該有15層吧，結果大樓住戶進電

梯以後便破口大罵，阿公完全不知道怎麼回事，如今我回想起來，覺得對阿公非常不好意思，真他X的想給自己兩巴掌……。如果我有一部時光機，我一定會跟《哆啦A夢》裡面的大雄一樣，搭時光機回到現場，好好教訓一下當年的自己。

我的阿公阿嬤，對於後代子孫們的照顧無話可說，我們雖然不是什麼豪門之家，但是從小都能感受到長輩們的愛，這也是以後人格養成的重要基礎。

阿公與我、妹妹、弟弟

阿公、阿嬤與我

臺南佳里興祖厝

臺南佳里興祖厝

阿公與弟弟製作榻榻米，
女兒在一旁好奇地觀看

阿公與弟弟製作榻榻米，女兒在一旁好奇地觀看

負笈北上

國高中的青澀歲月、北漂生活、國光號與臺鐵、鄉巴佬吃土虱

18歲之前，我的生活圈大概就是在臺南市的東區與中西區（臺南市的中西區是古蹟廟宇比例最高的行政區）。國中就讀建興國中，跟王建民同一所學校，但因為差了3屆，所以當時並沒有見過王建民本人，但我卻在2006年有一次他到教育部領獎時見到了。當時建興國中除了資優班7位女同學（號稱七仙女）以外，全部都是男的。用膝蓋想也知道，一群男生聚在一起絕對搞不出什麼正經事的，舉凡

「阿魯巴」（這種行為應該不需要特別繪圖解釋吧？）、「十八銅人的圍毆哲學」、「把同學關在掃具間裡面」、「猜測女性老師的內衣褲顏色」……等，我都親眼目睹過，但我發誓，我真的沒參與過，可能是我本身就長得比較像壞人，而一般的同學比較不敢開我玩笑吧！**【以上所列的種種荒唐行徑，在今日的校園裡都會構成性平及霸凌事件，小朋友們千萬不可以學喔～】**臺南是古都，年少時期常常騎著腳踏車穿梭於古老的巷弄間，也常常去香火鼎盛的祀典武廟、天公廟及大天后宮拜拜，即便到了今日，我返鄉就會造訪武廟的習慣從未改變，人生有太多的問號與無奈，關聖帝君成了我徬徨無助時最常求助的神明。

國高中三年，其實我的學業成績都維持在一定的水準，所以家中長輩（尤其是阿公阿嬤，他【她】們幼時因為二次大戰而失學）一直希望我就選擇讀書這條路，從我考上臺南一中開始，我發覺這種事情會讓長輩們很高興，我也因此獲得正增強，接下來的國立政治大學、中央警官學校（現今的警察大學）、軍校聯招（全國榜首）、預官、碩士班、教師甄選、國立臺灣師範大學博士班、主任甄選、校長甄選等，無役不與，也都順利考取，我應該是讓阿公阿嬤及母親非常有面子，後來想想，沒有一技之長的我，還真的比較適合拿筆，當然我是沒有嘗試過拿刀啦，不過

我絕對不是書呆子一枚，因為我的恩師說我身上「自然而然」地會散發一股江湖味……哈哈，這算是誇獎嗎？我還依稀記得，國小時有被選上弦樂團和少棒隊，結果拿著〈家長同意書〉回家後，都沒有獲得家人的同意，而我當時其實也傻楞楞的，還沒有具備成熟到會思考生涯規劃的心思。

上學、放學、補習、考試、打球＋打電動，這是國高中六年的最佳寫照。那是一個可以體罰的年代，我的某位好同學「長期」擔任衛生股長（刻苦耐勞），只要當天班上所負責的掃區有哪裡弄得不乾淨，他的臉頰就會紅腫，代替我們受罰，真是辛苦了！我也曾經看過有所謂B段班的同學從司令臺上當著全校學生的面前被老師踹到臺下，哇咧，這好像跟電影《霍元甲》的打擂臺沒什麼兩樣嘛！那時給師長們取綽號也是蔚為風尚，舉凡藍波、小超人、小金仔、木瓜、和尚……等，都取得非常傳神，藍波組長確實長得很像席維斯史特龍，而木瓜老師整個臉就是苦苦的沒有什麼笑容，現在回想起來，這些師長們的容貌歷歷在目，不過年紀應該也都一大把了。讓我印象最深刻的當然都是訓導處的老師們，然而當時的我萬萬沒有想到長大後我也會擔任學務（訓導）主任5年呢！

臺南一中的生活也是十分青澀，同學沒事就會邀約女校的學生聯誼，而我每次聯誼就會出事情，成為大家的笑柄，至於細節我就不詳述了，因為事涉敏感議題。年少無知，反正當時大家也都是無心之過吧！只是時空背景不同，很多玩笑話在今日可不能再亂講了。高中生活令我最敬佩的角色其實是教官，我覺得他們個個口才很好，穿上不同軍種的軍服後威風凜凜，而且又擅長處理學生們的疑難雜症，當年誰是校長、誰是教務主任我全都忘了，但好幾位教官的名字我都還記得呢！記得高二時喜歡隔壁鄰居的一位女孩子，早上都會看著她騎腳踏車出門上學，傍晚又騎著回來。然而有一次，她是被一位男生用機車載回來的，我看到以後整個人竟然頭皮發麻，阿嬤叫我吃晚餐，而我當晚什麼也吃不下……。很好笑是吧？人家根本就不認識你，你是在傷心（靠X）什麼啦？現在回想起來，除了感慨自己的愚蠢，也因為晚餐不吃的事情覺得對阿嬤非常不好意思。

高中三年的記憶是慘澹的，除了一身臺南一中的卡其制服稍微滿足了我的虛榮心以外，印象中那三年過得好快。大學聯考前一個月，父親墜樓受傷，我不是要將歷史科考不好的結果歸咎於父親墜樓事件，但我歷史科確實是考差（失誤）了，導師就是教歷史的，返校領取成績單的時候

班導的臉臭得跟什麼一樣，放榜後我錄取國立政治大學教育學系，如願地可以離開故鄉，到天龍國來探探究竟。那個年代，林強的〈向前走〉歌曲家喻戶曉，每個人都很天真地想去臺北打拼看看。

終於到了北上的這一天（應該是1995年9月中旬，大學開學前夕吧！），母親請三舅開車載我，連同所有家當（棉被、枕頭、衣物、衛生紙、牙刷、其他……）一舉上車，出發前我瞄到阿嬤在一旁掉眼淚，養了18年的孫子終於要北上念書了。這時已經受傷，行為像5歲小孩的老爸突然冒出一句「媽，妳不要擔心啦，他會好好照顧自己的。」我嚇了一跳，頓時以為老爸突然恢復正常了。當然，當時我的內心也是十分徬徨的，雖然鄉巴佬整天幻想著臺北未來的生活種種，但這確實是我第一次離開故鄉。人就是一種很矛盾的生物，在故鄉時常常幻想著臺北的一切，等到在臺北真正生活了二、三十年以後，卻又常常想起年少時在臺南的美好時光，我想這就是南宋詞人辛棄疾的「而今識盡愁滋味，欲說還休」吧？

第一趟，由三舅載我北上，接下來的日子，往返南北的交通工具大概就是以臺鐵、統聯跟國光號為主，那個年代還沒有高鐵。剛到宿舍報到，我跟一位大四及兩位大三的學長住在同一間寢室，有一次這三位學長剛好都有事外出，我一個人在宿舍無聊地翻閱政大的〈學生手冊〉（應該是已經無聊到不知道要幹嘛了才會去翻這本……），這時有人敲門，進來另一位住在學校附近的教育系大四郭英毅學長，一聊之下原來他也是臺南人，也是臺南一中的學長，相談甚歡，結果學長就說「走，我帶你去景美夜市吃晚餐……。」其實我原本已經準備要去弄泡麵了，於是就先擱著跟學長出發了。在景美夜市，我第一次吃到土虱這種生物，在臺南我還真的沒吃過，當時一碗是50元，我感到非常新奇，我果然是鄉巴佬。在我剛到臺北時，英毅學長非常照顧我，不像有些學長「只對學妹們有著超乎尋常的興趣」。後來我跟這位學長感情非常要好，即便現在他任教的學校也就在我的住家附近，我們也常常在假日相約吃飯聚餐。有些人，是會「鬥陣」一輩子的；而有些人，平常不會聯絡，只有出事才會找你（妳）幫忙。

臺鐵、國光號、統聯，再加上後來的高鐵，這近三十年來我也不知道搭過多少次了，南來北往之間，除了生活步調的轉換，其實也是一種心境的轉變。故鄉臺南成了我最思念的地方，即便我的身分證背面的地址早已是臺北市的松山區。不再是當年的年輕小伙子，我成熟了，可能也世故了。臺灣就那麼大而已，南北早已成為一日生活圈，哪裡來的鄉愁？其實還是會有的，而那種鄉愁並不是實際地圖上的距離，而是內心對於逝去的光陰及美好歲月的嚮往與渴望。

若不置身其中，多數人可能會認為在天龍國的生活非常光鮮亮麗，實則並非如此。從我18歲北漂至今，除了服兵役的兩年是在南臺灣（鳳山、林園、汕尾、東港、小琉球等），其餘時間確實都待在臺北。而如今我47歲，只要一開口講話，馬上會被問說是不是南部上來的，我當然是，因為我的口音還是沒變。過去這二十幾年來，不管是臺北還是臺南，街景跟建築都有很大的變化，猶記得剛來臺北時，從臺北車站要過去新光三越站前店是要走天橋的，而從博愛特區要過去西門町逛街，中華路上也是有許多的天橋，然後當時的重慶南路書店林立，之前常常從政大搭236公車到達館前路，「阮囊羞澀」的學生就展開重慶南路書店跟西門町的一日遊（這樣就不用花太多錢，雖然南部家裡對我的經濟支援從來就沒有匱乏過……），萬年大樓、

獅子林迄今仍屹立不搖，這些都是青春歲月的記憶。曾幾何時，重慶南路的書店逐一結束營業，科技的進步致使傳統的出版業陷入寒冬，取而代之的是好幾間專供背包客住宿的文創行旅，十幾年來的變化不可謂不大，然而這也象徵了時代的更迭。我來臺北的時候中華商場已經不在了，對於它的印象只能從舊照片及吳明益先生的《天橋上的魔術師》一書去揣摩了。還有我最常去的龍山寺、青草巷、剝皮寮等，萬華區的街景有一部份很像臺南，我想這也是我至今仍然常常騎車去那邊兜風跟拜拜的原因之一。

從出生、幼時、國高中到北漂這段期間，若依照心理學的理論，應該是我人格養成的關鍵時期，我常常想起阿公教我的一句話：「好歹攏底咱仔心肝內。」阿公身為家族的大家長，希望後代子孫和睦相處是必然的，但所謂家家有本難念的經，家和萬事興有時候只是一個理想而已，但阿公教給我的道理，深深地影響著我在待人接物上的應對進退，也造就了我個性極為內斂的特質，情感不會隨便表露，或者是說，不擅表露。然而，其實我覺得我身上滿佈了狂放不羈的血液，如果不是目前的工作角色使然，我極有可能會在另一個領域裡發展。但現在談論這些為時已晚，我深知自己身上所背負的責任與使命，或許我也只能很八股地說，「一切都是最好的安排」。

國中死黨（推估應該是1995年左右）

一樣的四個人（2021年，幾乎都變形了⋯⋯）

這群傻子當時也不知道在幹嘛……

我的少男時代

年少輕狂

企管雙主修、系學會會長、棒球隊投手兼中心打者、空手道校隊隊員

北漂後，在政大生活圈生活了6年，因為大學念了5年，不是留級，是總共修了237個學分（原本是239學分，結果被當掉2個），取得政大教育學系、企業管理學系雙學位，以及中國文學輔系資格。還有實習1年，也順利取得教師證書。剛到政大時，主要活動場所就是校園跟宿舍，有時候連跨過政大旁邊的道南橋都覺得怕怕的。當年公佈了〈師資培育法〉，系上的教授們都耳提面命，之後師資培育的管道多

元，未來參加教師甄選的競爭勢必會非常激烈……。是喔？其實拎北也沒有想過要當老師，因為劃錯志願順序，把教育系畫在英語系之前，結果就錄取教育系了。再加上教授都這麼說，拎北（使用兩次「拎北」自稱就好～）索性就去申請企業管理雙學位，在跟企管系系主任面談的過程中，還講得天花亂墜，說將來要結合跨領域的知識，創辦一所幼稚園……。系主任應該覺得我蠻會哈拉的，就錄取我了，結果到如今我還真的擔任校長，只是是國中校長，不是幼稚園園長。當然，這中間有一連串曲折離奇的故事，堪稱怪談等級，在之後的篇幅中會略有提及。

懵懵懂懂地當完大一新鮮人，從大二就開始修習企管系的學分，加上自己系上的學分，每學期幾乎都超修，將近30學分。平常上課是還好，反正就是坐著聽課就好，但是只要到了期中考或是期末考，恐怖的事情就來了，我曾經一天考過五科的，每科寫個兩小時，回到宿舍已癱軟，當初沒有想到這一點，只是想趕快把學分修完。不過，教授

們都對我很好，兩個系的學分都有順利拿到，一直到大五才非常意外地被當掉一門2學分的通識課，說起來有點烏龍，因為教授很重視出席率，而我又是延畢生，有一次因為偏頭痛沒去上課，可能因此讓教授誤會了。原本規劃要在大五下學期去甄試政大企研所，因為一科被當掉，總平均成績被拉下來，所以計畫好的事情全泡湯了，當時我的心情跌到谷底，大約有一、兩個月的時間，我罹患了六神無主、渾渾噩噩的毛病，每天只想從政大騎機車去北海岸散心，晚上就想約人打麻將，後來幸好有另一位中文系的丁敏教授答應幫我去跟當掉我的教授解釋我並非故意蹺課，當然成績是回不來了，不過能將誤會澄清著實讓我心安不少。

承上，甄試的機會沒了，那就拼筆試吧！後來收到筆試成績單，總分差了0.17分未錄取（這是什麼分數？如果是差17分就算了……差0.17分是怎樣？）命運天注定啦，後來我就去服兵役了，接下來的事情更是令人無法置信，退伍後我竟然考回政大教育學系碩士班行政組，整個大學生涯幾乎都在念商學，結果命運的峰迴路轉，我又回到教育系了，當然，這絕對跟我的恩師有關，容我之後的篇幅再詳述。

大三下學期時，明明學分修很多，竟然還可以擔任系學會會長，舉辦了諸多教育系的師生活動。人通常在事情很多的時候反而可以做好時間管理，將每分每秒都做最有效的運用。當時的系主任就是我的恩師，我想也就是如此，在往後的人生道路上挫折不斷時，總有恩師及時、適時的醍醐灌頂，讓我漸漸地從少不經事的鄉巴佬，變成抗壓性具有一定水準的年輕人。也可能是因為恩師覺得我的做事及處事態度值得栽培，不但在我失去父親的服兵役階段常常透過幾位學長鼓勵我，在我退伍之後更直接叫我上臺北準備研究所入學考試，可以說，恩師是除了阿公阿嬤及母親之外，影響我最深的人，之後會有專門的篇幅談及恩師對我的好。

接下來談談我大學時期花了最多時間、也是最熱衷的運動：打棒球。教育系的男生人數不多，棒球隊能夠成軍已經可以偷笑了，暫時就無法顧及大家的球技如何的問題。我在就讀臺南一中時期就有跟同學組隊去挑戰別的學校的隊伍，輸贏就是一箱飲料，所以球技方面尚稱有點基礎。大一時，諸多學長身手不錯，我勉強成為唯一能夠先發上場的新鮮人，守一壘。後來，幾位主力學

長畢業，我扛下了投手的角色，大二時投得不好，腳底還磨出水泡；到了大三及大四就純熟多了，固定擔任先發投手兼中心打者，在政大大約30支隊伍裡面，我們最好的成績是打到前八強，後來遇到政大法律系這種傳統強隊，氣力放盡就只能止步於八強了。學生球隊只打5局就定勝負，最經典的一場比賽，我記得我三振了13人次，而另外兩位出局者是內野高飛球以及投手前滾地球，等於對方15個出局人數都跟我有關，那一次我應該投了有一百五十球左右，最後雖然贏得勝利，卻也贏得慘烈，身體癱了3天，不過頓時也成為小小的風雲人物。當時我最快球速可以達到130km/hr左右，以學生球隊來說應該算是很不錯了。然而，這些都是「當年勇」了，我自詡為「好漢」，不提當年勇，因為現在仍然有在參加社區的OB球隊，只是歲月真的不饒人，近幾年只能偶有佳作了。

棒球號稱我國的國球，球迷加油的方式也都非常熱情有創意，尤其近年來各職棒隊伍又有啦啦隊陣容的加入，讓原先棒球場的陽剛及肅殺之氣緩和不少，這就

是一種柔性的軟實力，我覺得非常好。中華職棒大家或許各有各自的支持隊伍，但只要是遇到國際賽，全體球迷一定都會搖身一變全部轉為「中華隊」的球迷，我非常喜歡這種氛圍。然而，近年來中華隊在國際賽事上的表現沒有往年優秀也是不爭的事實，贏球固然高興，例如贏了義大利我們就會去嗑義大利麵、贏了荷蘭我們就會去嗑荷包蛋，但如果輸了呢？我好像聽到的都只是在找理由比較多，是否也該冷靜思考真正輸球的原因？是技不如人？還是訓練方式或調度需要調整？我這一生都會是中華隊的死忠球迷，但同時我也希望，我們不要淪為輸球時只會嘴砲，或者是只會說「為何這個滾地球也接不到」，或者是「為什麼對方投手的球沒有很快也打不到」諸如此類的話語的人。等你自己站上打擊區，或者是守備區時，你就會知道打棒球沒有想像中地那麼簡單！我個人認為棒球最難的地方是跑壘，年輕時常常被夾殺在二、三壘或者是三壘跟本壘之間，棒球真的不簡單啊！我由衷盼望，中華隊的球迷可以熱情，但輸球時也要確實了解原因並克制情緒，而不是只有那麼一點小確幸的心態，這樣國民（球迷）的素質怎麼會進步？

因緣際會，我也在大一時被學長帶進政大空手道社團接受磨練，在大二時順利晉升校隊。當時帶領我們的是國寶級的蘇尚志教練，一直到今天教練都還在繼續推廣空手道，真是一位令人敬佩的長者及武術家。雖然每週二、四只練習兩個晚上，但訓練地強度是非常強的，尤其是到了收操做體能的時候，被操到躺在體育館的軟墊上喘氣，汗水竟然能夠滲透厚重的空手道服將軟墊也浸溼，實在是一種非常難能可貴的體驗啊！我記得教練常常對我們解釋「空手道」三個字的意思：「空」就是心如止水，進入道場前將心思放空，暫時拋下世俗的一切好好體驗武術的精神；而「手」就是專指格鬥技巧的練習；至於「道」，當時教練說他也還沒體會這個字的意義，不過我想當時教練絕對是謙虛了。經過了二十幾年，我萌生一股想法：「道」會不會就是清末民初國學大師王國維所謂的「人生三境界」中的「眾裡尋他千百度，驀然回首，那人卻在燈火闌珊處」的境界呢？哪天有機會再與教練重逢，我一定會向教練請益。空手道也是大學生涯的一部分，我練到大四，升到咖啡帶（再往上就是黑帶了），因傷退出練習，實屬可惜。然而，學習武術除了體能的磨練，也可以砥礪心智，我個人是覺得好處多多，但盡量不要受傷就是了。

2006年7月某日，我辭去了私立學校的教職工作，那個月美其名是在放暑假，但其實是暫時失業還沒找到工作，心情甚是鬱悶。中午下樓去小吃店買便當，跟著人群排隊，我不小心清了一下喉嚨，結果前面疑似有一位精障人士回頭對我瞅了一眼，叫我小心一點，我發現我後面沒有人，所以是在說我囉？正在這個當下，我又忍不住咳了一聲，結果前面這個仁兄（大德）整個人竟然抓狂似地向我揮拳，我本能似地擋開，然後正當防衛補上一拳，結果他被我打飛撞到路樹倒地哀嚎，現場所有客人包含便當店老闆娘全都跑光了，竟然也沒有人幫我報警。後來那位仁兄（大德）還一直飆髒話，我只好勉為其難地再補上一腳給他，接下來他就迅速地跑到對街去了，結束一場鬧劇，我連排骨飯都沒買到，因為老闆娘也逃之夭夭了。我發誓我絕對沒有因為短暫的失業而遷怒，只是正當防衛，回到家後，我才發現我的左手腕在滲血，應該是擋住那一拳的時候被什麼東西劃到了，研判應該是車鑰匙。我直接去長庚醫院急診室打破傷風針，之後再到派出所報案，那一拳如果沒有擋住，就是直接劃到臉了，所以是不幸中的大幸，到現在左手腕上還有一道疤痕呢！如果我在大學沒有學習空手道，也許當時的結果就不一樣了，學武術並不是要隨

便展露身手，這並非良好的武德與初心，但在緊急的時候還真的派上用場了呢！經過3個月的潛伏期後我跑去驗血，確認自己沒有感染愛滋，因為我當時真的不清楚我的手是被什麼東西劃到的。

所以，我大學時期所做的事情也不算太誇張啦，都算是有走在正確的道路上。當年阿公獎勵我考上國立大學，買了一部當時最拉風的山葉150cc.的跑車FZR給我，全政大好像只看過兩部，因為有的是NSR。受到了劉德華與吳倩蓮的電影《追夢人》的影響，認為有了一部跑車就會發生浪漫的愛情故事，靠X，結果後來證實是一個美麗的錯誤，不僅沒有浪漫的愛情故事，甚至還發生諸如摔車之類的慘案，在此我就不詳述了，因為記憶是痛苦的根源。隻身北漂，很多事情沒有家人在身邊照料，就是得自己來，不過家人依舊是我最大的心靈寄託與依靠，在臺北政大生活圈住了6年（延畢1年＋實習1年），到了2001年7月，準備返鄉服兵役，豈知將有更大的挫折跟歷練等著我？

政大教育系棒球隊合影（當時筆者為碩士班一年級）

貳

續曲

軍旅軼事

步兵少尉排長（區隊長）、東港鮪魚季、協助落海的外國人、漁村文化之反思

在之前的篇幅有談及，父親在我入伍當天凌晨過世，是的，每次父親都要在我遇到人生重要關卡的時候上演一齣齣特殊的戲碼，直到演到自己的人生落幕為止。很多男人聚在一起，聊天的話題除了異性朋友，大部分都會談到服兵役的事情，然後大概都「只剩一張嘴」，說自己當年有多厲害多神勇，哈，我會盡量避免這樣。但1年10個月的役期（扣除大學軍訓課程，實際服役期間為1年8個月），確實讓我經歷了人情冷暖，不過也幸好因為有服兵役的關

係，退伍後在職場上的挑戰與歷練，很多都跟當兵時的道理是相通的。納稅、服兵役、受國民教育，我很榮幸我都做到了身為中華民國的國民應盡的義務，你（妳）可以想像一個男人具有籃球隊中鋒（如：《灌籃高手》裡面的赤木剛憲）的身材卻不用當兵嗎？或者是，在異性面前很會講話，口才一流，遇到服兵役就龜縮窩囊的人嗎？我真的見多了，在此不再浪費篇幅談論那些愧對國家社會跟人民的人，還是談談我那1年8個月的奇遇記吧！

大四那年，系上的男同學們都在討論要不要考預官，若考上了就是少尉軍官，除了每個月的薪餉會多一點，也可以「稍微」免去一些被老兵欺負的困擾，是的，只是「稍微」，畢竟部隊有部隊的文化，有些事情不是一、兩顆小螺絲釘就可以改變的。我也決定試試看考預官，雖然當時還在修習雙學位的學分，還要打麻將，蠟燭多頭燒……。嚴格來說，我應該只準備了3天而已，就是把智力測驗的題型及三民主義K過一遍，至於國文跟英文我本來的底子就不

錯。而且，我記得那個時候我打麻將的時間比準備預官考試的時間還多，我不是看輕這個考試，而是自己在考試方面可能有點天分吧！考場在金華國中，放榜後，我順利地考上步兵排長，入伍訓練就在成功嶺，為期8週。當時父親的頭七跟出殯我有請假，其餘時間就乖乖受訓，因為不是很習慣軍中有點恐怖的廁所，所以我在星期天晚上收假前會盡量將肚子清空，然後在受訓的日子盡量節制飲食，大概週三會在部隊裡上一次廁所（指大號，即拉屎），然後就會撐到週五傍晚放假再回家好好地「解放」一下。這種模式，在我受訓的日子裡，屢試不爽，所以生活很規律。

成功嶺的訓練很紮實，舉凡儀態、戰技、體能等等，除了鍛鍊身體，也砥礪心智，我從來都不覺得當兵是在浪費時間。印象中有一次，值星班長讓我們在傍晚5點多就去盥洗，接著讓我們這群預官們在中山室看書，有的人連原文書都拿出來看了，我是覺得有點矯情（假掰）啦，但當晚我一直在思考，怎麼會有這麼好康的事？果不其然，在20：40突然宣布5分鐘後連集合場集合，開始刺槍。於是，在7月的溽暑，大家一下子就汗流浹背了，弄到21：30解散，不可能再放你去洗澡，只能簡單地刷牙、擦個

汗，整個臉都出油，就這樣入睡，在大通鋪。即便一切都是有「預謀」的，事後回想，這就是一種磨練，一般的公子哥兒當然承受不了，雖然我也是金孫等級的，但當時處於父喪期間，實在是沒有心思去想那麼多，是否這也是父親送給我的禮物呢？

接下來是高雄鳳山的步兵學校為期12週更為專精的訓練，印象最深刻的就是每天都要全副武裝地走個1小時左右才抵達訓練場地，都還沒上課體力就已經去掉一大半，不過，這當然也是一種磨練。在步兵學校我見識到了多種武器如何使用的教學，如：步槍、手榴彈、六六火箭彈、機槍、榴彈槍……等，有一次是夜間射擊訓練，機槍一次會擊發3顆子彈，當多鋌機槍同時射擊的時候，那個畫面甚至比101大樓的跨年煙火還要美麗燦爛，若不是接受步兵排長的訓練，我一輩子大概都不會見識到這種場面，在部隊不能隨便拍照，而當年也沒有智慧型手機，所以那個特殊的畫面只有留在我的腦海中而已。還有戰車，我們當然不會駕駛，但是乘坐在戰車裡面的感覺就好像碰碰車一樣，鋼盔發揮了很大的效用，不然遇到崎嶇的地形，我們的頭早就在戰車裡面撞個稀巴爛了。另外值得一提的是步兵學校後

山的「阿鳳姐」（註：騎著機車或是開著發財車販售飲料或是雞排等食物的大姊們，也就是俗稱的「小蜜蜂」），我們每天的期待就是能看到阿鳳姐出現，趁著操課的休息時間補充冷飲或是食物，通常長官也會准許我們購買。有的開發財車的阿鳳姐會載著自己的女兒（或是年輕的員工）一起出來販售食物，我們就會全部圍過去，除了補充食物，也要看看年輕的妹妹，這是最單純、最原始的娛樂了。當時也會期待女性的友人寫信來部隊鼓勵我們這群預官，每次教育班長在發信時，就會說「你們的『信生活』來了」，真是爆笑，然後沒有收到信的，就是沒有了「信生活」……。

結束了兵種（步兵）的專業領導訓練，由於新訓時抽到行政院海巡署，因此還要北上到桃園蘆竹區的海湖參加海巡的訓練，為期1個月。一直在受訓，要擔任部隊基層的領導人員果然也不是太簡單，而在那裏我又接觸到了另外一種武器，也就是90手槍，教官有特別交代，後座力強，射擊時務必要雙手並用（左手要扶著）。所以，電影裡面的英雄可以同時雙手拿著雙槍射擊，應該是有點誇張。要進到海湖，需要搭火車到桃園火車站再轉客運進去，我記得當年收假時我都會跟一群外籍移工一起搭車，因為當地好像

有不少工廠，而他（她）們也要準備返回工作崗位，其實是一幅蠻有趣的多元文化的畫面。在海湖受訓時已經是冬天了，真的頗冷，光穿著軍便服實在是不怎麼保暖，但幸好我天生就比較不怕冷，其他同梯都冷到直打哆嗦。我們當時已經掛階少尉，室外的操課變少了，多數的課程是海巡相關的案例及法令課程。

接下來場景又要回到南臺灣的臺南沿海一個叫做溪底寮的地方，我住了約兩週，那是以民房建築為主的地方海巡部隊，廁所跟寢室實在是令人不敢恭維，我雖然體積比較龐大，但怎會有廁所是小到當我蹲下去時，膝蓋會頂到前面牆壁的磁磚，而屁股會頂到後面的牆壁呢？真的令人匪夷所思，於是我仍舊維持節食的習慣，盡量少吃少拉屎；而寢室，職業軍官睡下鋪，菜鳥少尉睡上鋪，由於是三合院式的民房，高度不高，爬上上鋪時坐著就會撞到天花板，所以只能用躺著的方式挪移身體，睡前看到距離我不到30公分的地方有蜘蛛網，將它破壞掉後再入睡，清晨起床時蜘蛛網又「復原」了，半夜睡眼惺忪之間覺得臉部癢癢的，我看八成跟蜘蛛有關。我真的睡過這些鬼地方，是不是有點不可思議？不過，當下的我沒的選擇，只能數饅頭過日子，期待平安退伍的那天。反正，這些都是磨練吧！

後來我確定下部隊到高雄的林園、中芸及汕尾一帶，也待了約兩週。在汕尾安檢所可以看到林園工業區的夜景，煙囪滿佈，如果不是服兵役，我真的不太可能看到那些畫面，而那些畫面至今仍縈繞在腦海裡。

2002年3月，確定分發到東港安檢所，下部隊時正值黑鮪魚季的開始，每天進出港口的船隻總量應該有上千艘，我的任務是負責排定阿兵哥每天的勤務，如：檢查船隻、報關記錄、清點東琉線觀光船遊客人數、港區巡查……等，並做好部隊的生活管理，我的直屬長官就是中隊長，類似一般部隊的連長。排長（區隊長）自己也必須值勤，我大部分的時間就是帶著阿兵哥在港區巡邏，尤其我會帶著比較菜的阿兵哥跟我一起出勤，一方面聽聽他們的心事，也可以避免他們留在部隊被老兵欺負。老兵當然比較喜歡輕鬆一點的勤務，所以我盡可能地做到符合每個人的需求又不失公平的程度（有點像是學校教務處教學組的排課一樣），有幾位老兵還稱讚我是個懂得帶兵兼帶心的排長。在某天夜裡，長官突然來電，說約莫2小時以後會有一艘東港籍的漁船進港，船上會多了4位菲律賓籍的漁民，他們因為在呂宋島外海遇到颱風翻船，被東港籍的臺灣漁船救起，請協助相關事宜。這下好了，隊長直接叫我跟我同梯的排長處理，尤其是語言溝通的部分。

船隻進港，4位外國人上岸，極其狼狽，其中一位手中拿著一個小鐵盒，我們當然要進行安檢，結果一打開是他跟家人們的照片，我頓時有點鼻酸，跟同梯用英文與其溝通，先安置他們在部隊休息，供給食物、熱水、香菸（香菸是我自己準備的，這或許可以讓他們感受到臺灣人的貼心），接著開始用英文詢問他們一些當時的狀況，並於天亮之後立即聯繫馬尼拉駐臺辦事處。政府單位也派人前來協助，有一位應該是菲律賓籍的外交官員，4位落難的船員見到語言相通的本國人便立即流露出期盼的眼神。他們在東港待了兩天兩夜，第三天由部隊派車送他們至機場，搭乘飛機返回菲律賓。臨走前，他們特地找我跟同梯握手，我感受得到他們內心的感謝與喜悅，也感受到了他們粗糙長繭的手掌，而我的手是拿筆的，很特殊的感覺。我必須再說一次，若不是因為服兵役，我不可能會有如此特殊的經驗與任務，永生難忘。

還有幾件事情值得分享：東港的某些船隻，以舢舨及竹筏為主，船上是沒有漁具的，也就是說，出海的目的並不是為了捕魚，而且開船的人多以年長的漁民朋友為主。不是捕魚，那是為了什麼？據一些老兵及當地人士指出，出海的目的就是為了證明自己有出海，因此就可以取得政府

補助的漁業用油，所以出海後不久就會將船隻停泊在近海沿岸，然後再搭乘海上計程車返港，理由是身體不適，過個3天再出海去將船開回港區，如此便可以取得補助用油，接著再將油抽出來變賣賺點外快。我想這應該不是新聞了，而我敘寫這些事情也沒有什麼目的，就是我的所見所聞而已。只是當下會覺得有股莫名的哀傷，老人家可能也沒有力氣捕魚了，兒子女兒可能也都成家立業，於是可能是為了維持生計，抑或是要找點事情做，就以此為生活的重心。部分阿兵哥比較血氣方剛，會故意用酸言酸語或者是緩慢的報關的速度來表達他們對於這種事情的不屑。當時身為排長的我也陷入一種矛盾的處境，這是補貼制度的缺失，但如果往更深層的角度去思考，這其實也是整個社會或是家庭結構的問題，我當時感到非常無奈，也只能盡量預防不要讓阿兵哥跟漁民朋友們發生衝突。我退伍後就沒有再回去過那裏了，不知道今天是否還存在這種情形？對我來說，看到那一幕，對我造成的震撼是很大的。

2002年7月，鮪魚季已過，颱風季卻來臨。許多漁船上都有外籍漁工，由於身分的關係，長年待在船上，無法隨意上岸。颱風要來襲了，船隻紛紛駛入港區避難，有的就停泊在安檢所附近，距離岸邊約莫只有10公尺。我又看到了驚人的一幕，船上滿滿的外籍漁工，在劇烈搖晃的船上照常生活，隔著一小段距離與岸上的阿兵哥對望，有的阿兵哥會跟他們打招呼開玩笑，有的卻在岸邊大聲咆哮說，誰敢上岸我就一棍（我們都有配發警棍）打死他！雖然可能只是在開玩笑，我聽了還是趕緊叫阿兵哥閉嘴，因為這些漁工處境堪憐，我們不應該在這種時刻去講這些沒有同理心的言語。誰不想待在家人身邊？誰又想要離鄉背井地工作？眼前都是漁工的畫面，讓我想起早期的港片中有九龍城寨的情景，有一股說不出的哀傷。如果我說那一幕就是人間煉獄，其實應該也不會太誇張。過了幾天，颱風遠離，這些漁船就出海了，海面上風和日麗，一切似乎好像都沒有發生過，但我心中卻烙下了無法抹去的記憶，永生難忘，除非我失智。

8月，人事異動，我接到派令，調職到小琉球的大福漁港，到了2003年3月中旬退伍之前，就一直待在小琉球了。大福漁港是公營觀光船進出的地方，我也因此結識了一對夫婦，大哥是漁民，大姊則是售票處的員工。這一對夫婦對我很好，遺憾的是，目前失去聯繫了，不知您們是否安好？如果您們剛好有看到這本書，不嫌棄的話請跟我聯繫。漁村有其特別的文化，除了祭祀的神明有幾尊我真的不認識以外（可能是當地特殊的信仰），對於女性似乎也會容易產生一種比較輕蔑的評論。例如，有一次值完夜哨，阿兵哥叫了200元的鹹酥雞外送，過了15分鐘有一位看起來約莫三十幾歲的女子將宵夜送來安檢所，看到我是新面孔，便一直找我聊天，其實我也不覺得有什麼，但是她離開之後，至少有兩到三位阿兵哥提醒我要小心一點，說這個女人花名在外，很喜歡挑新來的阿兵哥下手，可能已經千人斬了。我當時心裡想說，哪有這麼誇張？結果過了半個月，換我下哨想叫宵夜，於是也請阿兵哥幫我叫200元的鹹酥雞，阿兵哥在電話接通之後，第一句話就使用比較輕挑的語氣跟電話那頭的人說，200元鹹酥雞，是我們排長要叫的。結果一樣過了約20分鐘，上次那位女性又出現了，帶來的宵夜數量

很驚人，目測至少比上次多一倍。這時阿兵哥們又在起鬨了，說老闆娘偏心，排長叫的就給這麼多，到底是何居心？老闆娘一時也被阿兵哥「抨擊」到無法招架，後來就離開安檢所了。接下來阿兵哥又開始拍我馬屁了，說要我小心一點，以免成為獵物。大部分的男性聽到這些話語，應該都會自命風流嘴角上揚，我當下卻感到有點無奈，勉強擠出一點笑容，吃沒幾塊就跟他們說，這些就交給接下來值勤的人吃囉！

還有一位偶爾會出現在安檢所報關的女性，丈夫的船好像是從事近海漁業的，但出海一趟可能也要兩、三個月。有一天剛好是我幫這位太太填寫報關資料，其實她什麼也沒說，但離開後又有阿兵哥跟我說，「這位其實也是千人斬等級的，丈夫長年在外，村裡的男人她差不多都使用過了。連報個關都要穿無袖的洋裝來港邊，是要勾引誰？然後腋毛也不刮……。」我當時心想，這位阿兵哥未免也太多話了吧？但基於顧及阿兵哥的自尊心，我也就沒有回應他什麼。這是否是漁村的一種特殊的文化？說真的我不能下什麼定論，但二十年前我確實遇到了這樣的情形。退伍之後我因為職場、學業的諸多因素就沒有再回去過小琉球，然

而我知道這二十年來小琉球的觀光產業發展得更蓬勃了，只是這種對於評論女性比較輕蔑的態度是否仍舊存在於現實環境？又或者說，並不限於漁村或是鄉下地方，別的地方其實也有？（書寫這些所見所聞只是一個紀錄，絕無任何特定立場或歧視之意）

服兵役其實有很多有趣的事情，礙於篇幅無法全部書寫，有些只能存在我的腦海中，如果有機會與讀者們面對面談話，我可以講出更多爆笑的事情。茲舉一例，有一次長官指派我帶著阿兵哥去到某一個廢棄的哨所整理環境，我們帶了割草機跟一些簡單的清潔用品就出發了。烈日當頭，割草確實頗為累人，正當心裡在幹譙（詛咒）長官的同時，離我3公尺遠的阿兵哥突然對著我顫抖地說「排仔……，你的後面……。」靠X喔，是想嚇死誰啦？光天化日之下該不會有鬼吧？我慢慢地將頭旋轉了90度再往上抬（應該是90度沒錯，不是180度），發現我的上方約30公分的地方，有一根空心的竹竿，竹竿前方露出一條蛇的蛇頭，研判應該是青竹絲，正在吐信。我就面對著這條蛇，跟牠大眼瞪小眼。「喂，阿傑，我該怎麼辦才好？」（我心裡其實也有點驚慌……）「不然，排仔，這樣好

了，我們數到三一起跑走如何？」靠X，這又是哪一招？結果我也還沒準備好，阿兵哥就數到三了，跑！連割草機都不要了，落荒而逃，後來趕緊去買杯珍奶來壓壓驚。到了傍晚，長官來到安檢所，問說任務完成了沒有，我說全部搞定了。長官說怎麼沒看到割草機，我妙答說鄰近的哨所跟我們借去使用了，明天會歸還。長官點點頭表示了解。隔天天一亮，我跟阿兵哥馬上又出發去到那個廢棄的哨所，將割草機揹回來，幸好還在。這只是幾百件趣事中的其中一件，服兵役真的會遇到各種類型的磨練，我不覺得當兵有甚麼損失。

好幾次，我站在小琉球大福漁港的紅燈塔處，望著海面上的漁火與對岸東港魚市場的夜景，我心裡暗忖，退伍之後，我要展開新的人生。2003年3月18日，總算盼到這一天，我退伍了。家人開車到東港再搭船過來接我，要離開待了約8個月的安檢所，還有一起相處了8個月的阿兵哥，其實心裡也有諸多不捨，但人生就是如此安排，如果有緣，終會再相聚首。感謝這些弟兄們跟我渡過這段時光，雖然有幾個常常給我惹麻煩，但兄弟一場，無須計較。我跟家人坐在船尾，當觀光

船駛離大福漁港的時候，安檢所的弟兄們大喊「排長再見！」我跟他們揮手，是的，「排長再見」，但是退伍後我再也沒有見過任何一位阿兵哥，當年沒有臉書這種社群媒體，當然以現今的科技，要再見面（尋人）不難，但大家都有各自的人生了，就看看那一天會不會到來吧！又完成人生的一件大事了，但挑戰卻是越來越險峻呢！

利用服兵役休假時間穿著海巡軍服與家人合影

02

重返校園

再次負笈北上、不會做ppt、不會用email、進圖書館會迷路、薩克斯風與我

2003年3月18日退伍，結果3月20日就接到恩師親自打來的電話，跟我說要我準備一下簡單的行囊，迅速北上準備政大教育研究所的入學考試，住的地方他已經請學長都安排好了……。我聽了眼淚差點奪眶而出，老師沒有放棄我，即使我大學後兩年的時候常常在打麻將，沒有專心在課業上面。這次我不敢再耽誤任何時間，跟阿公、阿嬤及母親稟報了恩師的安排之後便迅速搭臺鐵北上，恩師指派學長開車到臺北車站的西二門接我，將我送到暫時的住所，只

剩一個多月的時間就要考試，我就跟它拼了，希望找回國高中時期擅長考試的那段天之驕子的記憶。那一個多月的時間，我的生活比當兵還規律，每天只出門一次吃晚餐，然後再將隔天的早餐及午餐（大部分就是麵包、吐司、泡麵和罐頭）買回住處，到了晚上，再出門吃晚餐（大部分就是便當或是自助餐），每天讀書的時間至少有10～12小時，印象中我的求學生涯從來沒有這麼認真過。

放榜後，如願以償，考上政大教育系碩士班行政組，過沒幾天竟然接到某補習班的電話，說我怎麼那麼厲害，在補習班上商管研究所的課程卻考上教育研究所，希望我能同意讓補習班用我的名字貼榜單打廣告。我內心苦笑，命運就是如此安排了，也許我的個性比較適合走教育這條路吧！若是在業界工作，我比較多愁善感的性格或許不符所需。恩師知道我考上了，距離開學還有5個月的時間，剛好那時臺北市教師研習中心有個職代的缺，便推薦我先去歷練一下，我記得我到職後過了3天所有研習班就因為SARS的關係

全都停辦了，中心的長官及同仁們都開我玩笑，說我是幸運星，我還真的不知怎麼回答。不過，我確實學到了許多教育行政的基本概念及技巧，也有緣結識了不少長官跟前輩（例如，退休的任秘書，還有幾位大哥大姊……等），他（她）們當年都是非常照顧我這個後生晚輩的，我由衷感激。

9月，研究所開學了，我辭去教研中心的工作準備回到熟悉的政大生活圈，離職那天，中心有一半的同仁中午請假2小時，載我到竹子湖請我大啖野菜料理，席開3桌。當年的任大哥（即退休的任秘書）笑著對我說：「不錯喔，走得風風光光的。」【意思是說我在短短5個月的工作時間竟然可以累積如此的高人氣】我咧，我怎麼聽了感覺有點怪怪的，哈！於是，接下來的2年歲月，我又回復學生的身分了，自認為帶著看過人間煉獄的心境再次回到校園，當然比同屆的同學（大部分就是大學應屆畢業的學弟妹）要成熟許多，但是，仍舊充滿挑戰，因為脫離了學校2年，許多科技及學問日新月異，我即將遭遇另一種不一樣的挑戰與挫折。

我記得入伍之前，我沒有使用過電子郵件及信箱，所以記憶一直停留在跟同學合作寫報告時，都會繳交磁碟片給彙整的同學。可能服兵役那2年世界的變化太大（期間也包含了911恐怖攻擊事件），退伍後在教研中心工作時，才初次使用email這種東西。然後簡報時需要使用的投影片，也是在第一次分組報告時跟同學請教怎麼做的，同學們可能對我有點好奇，不知道當兵到底是如何地與世隔絕，但其實沒有，我只是比較少去留意這些我認為只是文書處理工具的東西。因此，研究所剛開學時，我在許多地方碰了一鼻子灰，雖然具有讀書考試的天分，但畢竟大學那6年重心都放在商學院的課程上面，雖然勉強通過教育研究所的筆試，但許多教育方面的基礎（起點行為）可能是相當不足的，所以在課堂上有時會問了比較低層次的問題，十分困窘。這些「習得無助感（helplessness）」累積久了，讓我開始懷疑自己再次北上的決定到底是好是壞，心中也一直有愧於恩師。還有更扯的是，我走進去政大圖書館，根本就找不到我要找的書籍或資料到底在哪裡，也許是我大學時期造訪圖書館的次數太少（班上有些同學空堂時間就是待在圖書館，而我大部分時間則是待在河堤棒球場……），導致退伍後更為

不熟悉吧！相較於失去父親跟當兵的挫折，雖然我不認為這是什麼嚴重的事，但終究是另一種人生不同面向的體驗。

不過，以上的問題並沒有困擾我太久，因為有一位「學姊」跳出來幫忙我，這位學姊就是我現在的太太，我們其實是大學同班同學，因為我去服兵役，所以她就變成學姊了。話說某一天，上完研究方法的課，感覺腦筋又塞住了，其實後來想想，那也不過就是一套遊戲規則而已，根本不用想太多。下課後我就呆坐在某棟大樓的階梯上，剛好身為大學同學的學姊經過，見我一臉茫然，了解了事情的來龍去脈之後，索性先帶我去圖書館繞一圈，再教我如何檢索資料跟「辨別圖書館的方位」（只差沒有帶著羅盤跟指南針……）。就這樣，一位品學兼優的千金小姐跟一個剛從另外一個世界北返的人越走越近，我不得不讚嘆緣分的神奇。附帶一提，在小琉球服兵役時，我會在下哨後的休息時間練習吹奏薩克斯風，反正地廣人稀，也不會吵到島上居民，頂多就是吵到阿兵哥而已，但當時的幾位弟兄跟我說我還吹得蠻有水準的，以一些老歌跟當時的流行歌曲為主。退伍後，樂器跟

著我到了天龍國,在系所及兼課學校的一些大小慶典場合,如聖誕聯歡晚會,新春團拜、教授退休餐會等,我都擔綱演出工作,當時吹得最好的幾首歌曲,依稀記得是〈新不了情〉、〈恰似你的溫柔〉、〈老情歌〉、〈征服〉等,會依照不同的場合挑選合適的歌曲。我在表演時,當時的學姊太太就幫我顧著書包及一些樂器用品,儼然就是我的經紀人。當時,還獲得兼課學校師生給我一個「薩克斯風王子」的美名,如果跟今日此時的我(中年大叔)相比,實在是很難想像自己也曾經有過那麼風光的歲月。謝謝我的學姊太太總在我危急之際,出手相救,情義相挺!

除了學姊太太的挺身幫忙,系所的師長們及行政人員也是給我諸多的鼓勵,可能是知道我剛退伍,在學業方面或許有點壓力。在此要特別提及教育學院三大美魔女莊玉鈴小姐、蔡秀真小姐跟闕金治小姐,這三位大姊大,除了在我念碩士班並擔任恩師研究助理的期間給予我許多的指導與協助之外,最恐怖的是最近一次見到她們三位,外型跟20年前我剛入學時幾乎沒有差別,倒是我自己,除了體重已經失序以外,白髮也多了不少,平均每2個月就要去髮廊「油漆」一下(註:這裡的油漆就是指「染髮」的意思,這是阿嬤常用的說法,我覺得形容得非常傳神)。不知道這三位大姊大是如何保養的,改天一定要跟她們請益一下。

碩士班兩年，匆匆走過，白天修課、擔任研究助理，晚上至高職夜間部兼課，教高中職的國文。假日會有其中一整天排了兩場家教，其中一個學生遠在基隆暖暖，每週日一大早就從木柵出發，搭捷運至臺北車站轉臺鐵列車至八堵，學生家長（我的一位好朋友兼大哥）再開車到八堵車站接我去家裡。下午再返回政大附近教另外一位孩子（也是別人介紹的），其實我不是為了賺錢，而是跟兩位孩子的一種緣份，所以生活也是非常單純規律。碩士班畢業典禮那天，阿公阿嬤特別上臺北來參加，與恩師合影，阿公阿嬤很高興，結果我莫名其妙地又要「踏出」校園了。恩師有叮嚀，能趕快畢業出去有個工作才是重要的，不要待在學校裡面太久。

之後的篇幅就會著重在敘寫職場的所見所聞與挫折了，但是在那之前我想先補充一點篇幅，那就是從我青澀的年輕歲月一直到今天的中年大叔都一直陪伴我的香港Beyond樂團的音樂，而其中，靈魂人物當然就是黃家駒，以下文章取自筆者自己的臉書：

以前可能有寫過類似的文章，但2023年是黃家駒逝世
30週年，因此再寫一次，且此刻的心境跟之前也略有
不同：

黃家駒（1962年6月～1993年6月），享年31歲。生於6
月，卒於6月，6月是鳳凰花開的季節，也是令人感傷的
月份。初次接觸到Beyond的歌曲，記得是就讀臺南一中
的時候，對於〈長城〉這首作品的氣勢磅礴與道盡歷史
的滄桑感到非常讚嘆。一個未滿30歲的音樂才子竟然寫
得出如此大格局的作品，我回想自己30歲的時候，也不
過才剛考上老師游上岸而已。

因為〈長城〉的關係，我開始蒐集Beyond的錄音帶與
CD，愛上了〈喜歡妳〉（忘記妳）、〈你知道我的迷惘〉
（真的愛妳）、〈不需要太懂〉、〈灰色軌跡〉（漆
黑的空間）、〈九十年代的憂傷〉、〈光輝歲月〉、
〈情人〉、〈不再猶豫〉、〈短暫的溫柔〉等歌曲，以
及後來最為膾炙人口的〈海闊天空〉這首神曲。〈海
闊天空〉道出了許多人遭遇挫折卻不改其志的心聲與初
衷，再加上黃家駒獨特的嗓音與滄桑的唱腔，感動了無
數的歌迷，創造了一種特殊的Beyond風潮。

奈何，正當Beyond的音樂事業發展得如日中天的時候，黃家駒卻於日本意外墜地傷重過世，對於所有喜愛家駒的歌迷朋友無疑就是晴天霹靂與迎頭痛擊，真的可以使用「天妒英才」來形容。30年過去了，從卡帶（錄音帶）的年代，到CD的年代，一直到今天只要使用手機就可以聽到黃家駒的歌聲。30年，世界的變化何其大，不變的是家駒持續影響著華人世界的音樂，也有外國人會唱英文版的〈海闊天空〉呢！而我，雖然很少去KTV唱歌，但朋友們都知道我的喜好，一有機會就會逼迫我唱Beyond的歌曲。

不諱言，黃家駒過世之後，Beyond的創作能量大受影響，連我這個不是學音樂的人都看（聽）得出來。黃家駒就是Beyond樂團的靈魂人物，這是公認的事實，雖然已離開30年，卻一直在發揮影響力。我對香港電影、歌曲、文化及生活型態都非常有興趣，從小看著港片、聽著粵語歌曲長大，然而至今卻尚未去過香港。早期的香港電影，很多橋段都會呈現出市井小民對於1997年之後的疑慮與不安，政治我不懂，但我知道港片裡面有許多中華文化的元素，不是只有打打殺殺跟無厘頭搞笑而已。從港片中，我學到最透徹的兩個字就是「情」與「義」。在周星馳的電影《食神》裡更是直接唱出來：「情和義，值千金……」，真是一部經典的作品。

總之，黃家駒的作品陪伴我走過青春歲月，一直到今天成為疑似患有中年危機的中年大叔，每當聽到黃家駒的歌聲，就會充滿再次出發、堅持到底的力量，現在的國中生有些人也非常喜歡〈海闊天空〉呢！一個人在離開30年後還能具有如此的影響力，這是很多現代人追求速成或一步登天的投機心態所無法匹敵的，多跟黃家駒學習吧！向獨一無二的黃家駒致敬！

我最欣賞的已故香港BEYOND
樂團主唱、音樂人黃家駒

圖片來源：https://vovo2000.com/f/viewtopic-359526.html

恩師與我

嚴父兼慈母、刀子口豆腐心、有情有義、學術聲望
一流

恩師在我家中發生變故及服兵役期間不斷地鼓勵我，之前
的篇幅已有提及，在此便不再贅述，以下篇幅係偏重於在
恩師人格特質的描寫及對我所產生的重大影響。

與恩師的相遇，是在1996年初夏，那年我是大一新鮮人，
跟學長走在政大校園裡，巧遇恩師，學長說我是大一的學
弟，恩師微笑並點點頭……。他不到30歲就當上教授了，

聰明絕頂的頭腦、對學生有情有義的關懷與照顧、幽默風趣而又犀利有深度的談吐……等，這是很多人對於恩師的印象與觀感。而我，何其有幸，能夠在恩師身邊擔任研究助理2年，得以更加深入地體會到恩師對學生們的好。1998年，我大三下，恩師擔任政大教育系系主任，我擔任系學會會長，恩師說我把整個學期的師生活動策劃得很不錯，不過其實還是有很多瑕疵啦，是恩師具有一顆包容學生的心，不忍苛責我。之後，雖然不一定有修習恩師的課，因為就如同前面的篇幅所提到的，我大部分時間都在修習商學院的課程。然而，我知道恩師一直都很關心我！恩師的學術聲望跟口才絕對是一流的，他是教育行政界的翹楚，也就是所謂「高手高手之高高手」。無論是修習恩師的課程，或者是與恩師的對談，每一次都是一種身心靈的慰藉。我有幸在政大跟著恩師、湯志民教授（局長）、陳木金教授（處長）學習，又有機會在商學院聆聽司徒達賢教授與吳思華教授的課程，真的是令人非常振奮。這些典範教授的課程我都參與過了，因此也就很難再有其他的課程能夠吸引我了。

2003年3月退伍之後，峰迴路轉，又回到政大教育系的大家庭了（恩師時為教育學院院長），這一切都是恩師的鼓勵與提攜。原先根本就沒有再次北漂的打算，因為父親走了，阿公阿嬤年紀也漸長，我原本就規劃在臺南做點什麼事，什麼都好，反正我也沒有一技之長，也就是說任何事情其實都可以嘗試。然而因為恩師的一通電話，我再度北上，也許我這輩子跟家人的緣份就是沒那麼深吧，一件事情接著一件，到你「功德圓滿」那天為止，我想這就是人生。再次來到天龍國，轉眼間也過了20年了，年輕時的種種景象，歷歷在目，一切彷如昨日。（難道這就是「人生跑馬燈」的概念嗎？）我內心想著，既然我已經是經過軍旅生涯洗禮的人，在校園或課堂上的表現就要不同於應屆的同學們。確實，我的人生歷練比較豐富，在課餘時間的同學聚會中我常常可以分享令人唏噓或是讚嘆的人生經驗，然而，學業（術）表現是沒有辦法偽裝的，做學問確實無法一蹴可幾，再加上剛退伍，頭腦可能不太靈光，2年的碩士班生涯，在恩師的課堂上我有時會自以為是地發問一些自認為還蠻有水準的問題，結果下場就是被恩師「當頭棒喝」。即便是在

碩士論文口試（final）時，兩位口委倒是客氣地點到為止，反而是指導教授（恩師）竟然挑了我的論文許多毛病，當下我無法理解恩師為何會如此，後來我總算了解恩師的苦心，我覺得恩師其實是在維護我，用心良苦。

「**當你得意忘形時，他一定給你當頭棒喝；當你跌落谷底時，他會不計一切地拉你一把，不求回報。**」這就是我的恩師，是「嚴父」，也是「慈母」。

碩士班畢業前夕，恩師把我叫到跟前，特別地叮囑我幾件事：恩師知道我的個性太有正義感，因此他要我在職場上不要像一面「照妖鏡」一樣，讓一些壞（爛）咖都「現出原形」，他說，社會險惡，只要確定每個月1日有薪水進帳就可以了……。聽起來好像很戲謔，但恩師的風格就是如此，言語犀利，一針見血，卻又不失幽默！再者，恩師也說，他很喜歡我們這群學生，但他絕對不會要我們永遠跟在他身邊擔任助理，他要我們去外面闖蕩一番，開創自己的道路，然而如果遇到挫折，他都會幫忙。

後來，在濱江國中工作了2年（教學組長），我想嘗試是否能有再次進修的機會，那年，應該是2009年，恩師人在美國，我先用email跟他報告我有這個想法，並且想嘗試報考不同的學校，恩師持鼓勵態度，而我也順利考上。於是，後來在國立臺灣師範大學工業教育學系念了6年的博士班（2009～2015），也於2015年順利畢業，取得博士學位！這幾年來，固定會跟恩師聚餐，一年總會有個幾次，每次聆聽恩師的教誨，真的體會到何謂「醍醐灌頂」！回首從大一新鮮人（1995）到如今成為大叔（2023），與恩師近三十年的情誼從未變質，這也是為何我常常強調師生之情是可以歷久彌新的道理！沒有恩師，絕對不會有今天的我，我可能連老師都當不成，感念恩師的「**有情有義**」，這也是他最常教我的四個字！其實，恩師大可不必「投資」在我身上，因為我也無法回報什麼，我只能說，未來如果我有不錯的成就或評價，那都是恩師教得好；但若未來我不小心砸鍋或踩到地雷引爆了（晚節不保），那都是我自己能力不足，跟恩師無關！

目前，擔任校長職務，有許多對孩子勉勵的機會與場合，我常常將以上恩師與我的故事分享給孩子們聆聽，讓他（她）們知道生命是如何影響生命的。從他（她）們一知半解的眼神及表情中，我希望能夠種下一顆正能量的種子，讓無私的教育大愛能夠永遠延續下去，這是我能夠回報恩師的唯一方式。恩師一生助人無數，我絕對只是恩師眾多子弟兵中的其中一個，而我的生命也確實因為恩師而扭轉了。目前所從事的教育工作非常有意義，縱然社會氛圍已經不像我小時候那麼地純樸，而教育工作的擔子也越來越沉重，不過能夠在茫茫人海中遇見跟自己投緣的學生，真的是人生一大樂事！我心中的許多教育理念也都源自於恩師的教導，例如，看到比較弱勢的孩子，我都會主動伸出援手，不管是檯面上的，還是檯面下的。許多孩子確實會記得曾經幫助過他（她）們的人，最常表達感謝的方式就是寫卡片（如圖），而我從念大學開始，只要是恩師生日或是教師節，我一定親手書寫卡片對恩師表達我的感謝之意，過去這二十幾年來我估計已經超過百張，而每年的大年初一我都會打電話跟恩師拜年（只有今年【112年】例外，原因就是我即將動胸腔手術，心情忐忑，也怕恩師擔心）。我記得有一次，跟眾多師兄弟與恩師聚餐時，因為我又代表大家寫了一張卡片要給恩師，恩師在席

中突然有感而發地說：「這些卡片將來都會跟著我一起火化到另外一個世界。」頓時歡樂的氛圍突然急凍，大家突然不知道怎麼接話。後來恩師又自我解嘲，說：「你們是怎麼了？這本來就是每個人都會面對的事情啊！」後來氣氛才逐漸緩和，由此可見恩師的豁達與看淡生死。還有一次，我跟一位碩士班的學長到恩師家裡協助搬運文件，偶然瞥見恩師家中的一個玻璃櫥櫃，放滿了學生寫給他的卡片，而我寫的竟然也在其中，還是從小琉球的郵局寄出來的，心中充滿感動，因為恩師是一個如此看重學生的人，耳濡目染，今日的我也將學生們的事情擺在工作上的第一順位。

恩師說過，他一輩子都是在幫助別人，也不會當官（但是據我所知，當今很多當官的都是受過恩師提攜與照顧的人），這是何等高尚的情操！恩師一生高風亮節，永遠將學生的事情看得比自己重要，是「教育人的最佳典範」。我這輩子可能無法回報恩師什麼，除了寫卡片，我想就藉由這次出版專書的機會，再次感謝恩師對我的拉拔。

「您叫我往東，我絕對不會往西。老師，謝謝您！」

應碩士班學長邀請，帶著妻女與恩師聚餐，
恩師左邊即是最得力的助手莊姐

學生給我的感謝卡片-致瑋

學生給我的感謝卡片-欣彤

參

獨上高樓

求職路上

匪夷所思的挫折、考國文老師要考默寫？

短暫2年的重返校園，取得碩士學位，我已經覺得非常感恩。記得大學時期，母親帶我去算命，仙仔說「妳這個兒子頂多念到大學畢業而已。」拿到碩士以後，我也沒有去找仙仔算帳，因為南北往返太累了，哈！讓我有機會去拆仙仔的檯的人很明顯就是我的恩師，但無須如此，仙仔的話參考就好，也許當年對我來說是一種激將法呢！接下來總是要正式踏入職場了，由於碩二那一年都忙著寫論文及準備論文口試，因此並沒有特別去準備教師甄試，高普考

就更不用說了。恩師總是好人做到底，先引薦我去新店的能仁家商擔任商業經營科的導師，但我是教國文。我其實已經在能仁教過3年書了，第1年是服兵役之前的代課抵實習，第2-3年是教實用技能班（白天擔任研究助理、晚上教書），因此對於這所學校並不陌生。孩子們的背景比較多元，或許學業表現並非頂尖，但大部分技職教育體系的學生都非常認分，技能的養成非常扎實。我這個一路走普通教育上來的人，看到這個領域的師生們如此地努力，十分感佩，也印證了Gardner的「多元智慧」理論。

我的略偏搞笑兼無厘頭的教學功力及班級經營技巧，可以說都是當年在能仁家商養成的。要教導該校的學生，得有兩把刷子才行。當年，我30歲，家住民生社區，每天清晨6點騎機車出發，一路騎到新店碧潭，準時7點進教室督促學生們早自習，風雨無阻，即便下雨穿著雨衣還是出發，從來沒有遲到或請假。我很訝異為何我當年會有如此堅毅的精神跟旺盛的體力，即便現在在北投區服務，我也是6點15

分就出發，6點55分準時出現在校門口站崗看學生上學，差別是現在的我以開車為主，體力上相對比較節省。當年教國文，也擔任導師工作，學校的活動很多元，很多都是要導師親自操刀，例如愛國歌曲比賽、HBL組團加油等（當年能仁籃球隊的主力幾乎都在我的班上，這群孩子絕對不會忤逆師長，因為只要對師長不敬就會被退隊），現今回想起來，雖然非常累人，但是跟孩子們的感情非常好，尤其幾位學生更是非常貼心，是我的好幫手。在這一年中（94學年度），我有試著去準備教師甄選，都是以北北基的學校為主，聯招跟獨招都考過。我發現，選擇題我比較不擅長，因為對就是對、錯就是錯，沒有模糊的空間，因此我後來考上正式老師的學校就是以考申論題為主，雖然我不能說我可以「將黑的寫成白的」，但對於我來說申論題總是有比較能夠發揮的空間。

94學年度結束，我離開能仁家商，展開另一段人生的規劃。95年7月，表面上是放暑假，實際上則是「賦閒在家」，因此也才有了之前的篇幅中所提到的「買便當的打架事件」。當時，存款就只剩下5萬元，然後月底還要繳房貸3萬元……。後來，透過人事行政局的網站，找到了一個研究助理的工作，也就是派遣人員，地點在中山南路的教

育部，主要是承辦一些先導型的研究計畫，如產學合作、海洋教育等。很慶幸，雖然只有短短的7個月時間，但是在教育部長官們的調教之下，練就了我寫公文的能力，後來考上正式老師，兼任行政工作，我應該是全校公文寫得最好的其中一個。96年2月離職，考上信義國中的代理教師（兼導師），聽說我帶的是當年全年級比較調皮的班級，但我毫無感覺，因為能仁家商把我訓練得很好。我記得這中間我去考過好幾所公立高中職，有兩所都有進到複試階段，但也著實令我非常挫折。其中一所，面試的時候，面試官直接對我說：「您不是中文本科系的學生，因此我們認為您在教學方面可能會有問題。」哈哈，我筆試已經將一堆中文系的考生都刷掉了，到第二關竟然還跟我講這樣？可想而知，當然沒有錄取。另一所，由於不清楚學校的地理位置，結果複試當天我從側門進到學校，待我找到報到處時，晚了約2分鐘，這確實是我的疏忽，但是在面試時我又被提醒遲到2分鐘的事情了，沒關係，這是我的錯。還有一所最扯，第一階段筆試，進教室後翻開試題，第一大題居然是考「默寫」，依稀記得是四書五經中的某個段落，我苦笑了一下，1,200元的報名費就這樣飛了，但我敢大力地揣測：現場的考生一定有人會寫！我想，話應該不用說得太清楚吧？即便是中學國文老師，或是中文系的教授，有可能將所有古籍的內容都背起來嗎？

信義國中真的是我的幸運地，我答應當時的主任會把8升9的暑輔課程教完，學校端也就不用再找銜接的老師。時間接近7月底，看到當時創校第3年的濱江國中要甄選老師，我想說，就再去報考一次，若沒有錄取就準備回臺南做點小生意了，做什麼都好，只要不違法就好，省得每考一次教甄就好像被羞辱一次一樣。筆試放榜，我又進入複試了，然而我心裡面在嘀咕著：「反正應該又是騙人的，明天面試又要羞辱我了……。」隔天，面試結束，我走出濱江國中，在旁邊7-11的座椅上坐著發呆約20分鐘，面試官所問的問題，能回答的我都回答了，已經盡力，且體力透支。我在想著：房子要賣多少錢？回臺南到底是要做什麼？後來，騎著機車回到住所，隔天早上一樣去信義國中教暑輔課程。放榜，我是國文科157名考生中的「榜首」，有點難以置信，會不會變成「范進中舉」的情節啊？過不久，接到濱江國中主任的來電，說要我過去面談一下，原來是要我擔任教學組長的工作。其實我什麼也搞不清楚，反正只要有工作就好。於是，從96學年度開始，我也算游上岸了。擔任教學組長，一做做了5年，第1年確實比較辛苦，接下來就比較如魚得水了。由於我喜歡也擅長規劃及辦理學生活動，我可以主持（綜藝咖）、可以表演（薩克斯風、爵士鼓），也可以策劃，幕前跟幕後都可以，搞得自己好像是學務處的訓育組長一樣。

舉例，「班際英語歌謠比賽」，我自己擔任主持人，事先做好功課，將每首班級選定的自選曲的背景故事全盤了解，再加上略帶江湖味及詼諧的主持風格，營造出一種錯落的美感，解說曲目的時候非常知性，串場的時候卻很感性。當時的校長及主任也給了我很大的發揮空間，我記得她們兩位就是坐在臺下，從頭笑到尾而已。再者，「臺灣母語日」活動，我利用朝會時間規劃了一系列有趣的母語教學活動，諸如「阿洪之聲」（臺灣諺語教學）、「邱董電臺」（實用客家語教學）、「新哥開講」（簡易原住民語教學）等，仿造當時政論節目的名稱與風格，找尋不同語言專長的老師進行分享，在當時的濱江校園裡也曾經轟動一時，頗受學生們喜愛。有一次最爆笑的是，將健康教育教室的人體構造模型借來做為道具（模仿0800中醫師的閩南語教學），結果在活動開始前，有學生碰撞到人體模型，裡面的五臟六腑散落滿地，頓時形成一幅很驚悚的畫面，同時也引起臺下師生的一陣爆笑聲。我覺得教學組長的工作帶給我很好的歷練，我唯一做過的組長就是教學組長。調代課的功夫、洞悉每位老師的個性與需求、良好的溝通能力、謙卑的待人處事風格，都是在擔任教學組長的工作中養成的，我真的受益匪淺。也感謝已故的黃秀森主任，感謝您當年那麼有度量地包容我的臭脾氣，給我最大的發揮空間，您是我見過脾氣最好的主管，我非常感念您！

教學組長5年，代理教務主任1年（女兒也在這一年【2012年12月】中出生），在濱江國中的6年，到目前為止是我教職生涯最美好的回憶，因為教務處的業務很熟悉，也沒有什麼壓力，很感謝濱江讓我有了上岸的機會，也不用賣房子了。從102學年度開始，我因為拿到候用主任資格，因緣際會之下來到了傳統名校 —— 介壽國中服務，不只是從中小型學校換到大型學校，連處室也變了，接下來就是5年的學務主任生涯。像介壽國中這種傳統名校，一定有其學校獨特的文化及潛規則，我覺得我也是有夠幸運的，能夠擁有別人所沒有的歷練機會。在這裡，家長跟教師群體的力量都非常強大，也因此對於主任（一級主管）的要求也相對較高。對於初來乍到的我，說穿了很多人會在一些關鍵時刻觀察我的表現，也許我不是盡如人意，但經過服兵役、能仁家商及教學組長歷練的我，也不是那麼容易就會被挫折打倒。5年下來，我除了一些例行性的師生活動辦理之外，印象中大概大部分的時間都是在調解親師生之間的衝突，我自己戲稱為「喬事」，而我就是調解委員會的「主任委員」。教務處跟學務處的工作性質都很有挑戰性，我自己覺得教務工作就是要精準，例如鐘點費的計算或是排課等等，不能有出錯的空間；然而學務工作只要是在法令規範的範圍之內，可以有模糊地帶，例如跟家長對談時，只要兩造，或是三造、四造家長都滿意或是可以接

受共同的結果了，問題就可以獲得解決，有點像是在走鋼索的味道。以我個人來講，我蠻喜歡那種可以把人說服並安撫其情緒的工作，因為可以獲得很大的成就感。

105學年度，我考上候用校長，締造了一個紀錄：**從代理教師變成候用校長，花了不到10年的時間，而且這中間還念了一個博士學位**。這應該是一個很難打破的紀錄了，但是這個紀錄沒有獎狀，也沒有獎金，只有我自己知道（自high）而已。無論如何，能夠在不同的位子及不同的學校歷練，我覺得是非常幸運的，雖然我的工作都是吃力不討好的角色。107學年度，我遴選上桃源國中的校長，開啟另一階段的職場歷練，很難相信，之前最窮愁潦倒的時候，差點就要賣房子了呢！當然，校長這個角色就更加有挑戰性了，我每天在做的事情，90%幾乎就是在接收同仁或者是家長們的負能量，然後還要想辦法給人正向的力量與希望，我想，在本書後面的篇幅會有專文提及這個部分，在此就先不贅言。我的求職過程，確實是遭遇了匪夷所思的挫折，但是到目前的結果或許是值得慶幸的，因為畢竟有人欣賞我寫申論題的文筆，也有人看得起我，讓我擔任教學組長及學務主任這些角色。曾經有另外一位仙仔說我目前是「走在正確的道路上」，我想這次這一位仙仔應該是道行比較高段的吧！

濱江國中校慶擔綱爵士鼓伴奏

濱江國中學生活動擔綱薩克斯風表演

介壽國中晚自習留守為考生加油打氣

02

職場際遇

鋒芒太露？敢做敢言、壓不扁的玫瑰、每逢挫折都能迎刃而解

我覺得我小時候是個蠻內向甚至有點懦弱的人，除了之前所提到的縱火事件「一鳴驚人」以外。小學5年級，班導師直接指定我擔任副班長幹部，誰知我站在班級前面整隊卻一句口令也喊不出來，還會冒冷汗，糗！沒想到長大之後在工作上擔任學務主任，卻可以在操場對著近2,000位師生講話，形成了莫大的對比。我覺得關鍵可能是發生在我高中或是大學時期，我擔任班上的攝影股長（我們班的畢業紀念冊的所有個人照片都是我用單眼相機拍的），常常需

要利用班會時間跟同學們溝通畢業紀念冊的想法。到了大學，擔任系學會會長，有了更多上臺講話跟磨練膽量的機會。之後我就變成一個在臺下能夠專心地聆聽別人的發言（偶爾會打瞌睡……），而上臺也能對於自己的想法侃侃而談的人了。

在求學過程中，我覺得我一直是個常常被當成「假想敵」的人，即便到了職場上也是如此。其實，我內心一點跟別人鬥爭（或說：爭寵）的想法都沒有，這是我的本性，我熱愛自由，也愛好和平，是標準的射手座。所謂「貴在中和，不爭之爭」（《葉問2》），一直是我奉為圭臬的標準。我也不會在課堂上、會議上或是公眾場合特別地展現自己，但因為個性耿直，是個性情中人，有時候講話無意中可能會對別人產生一些原先沒有意料到的影響，這確實有過。然而，自從擔任校長職務之後，我自覺「收斂」不少，但這不是指之前的行為是不好的，其實我要表達的是，校長這個角色的限制太多，發言不得不小心謹慎。不過，我很少跟所謂的部屬或是同仁們爭執，而通常都是跟長官們據理力爭。

平心而論，我覺得自己根本就是個綜藝咖（明唐寅《桃花庵歌》：「別人笑我太瘋癲，我笑他人看不穿……。」），很多場合我都會想辦法讓氣氛熱絡或者是詼諧一點，可能也因為如此，不知我用心良苦的人可能會解讀為我愛表現，或鋒芒太露，但這其實是錯的。舉例，學校也好、民間企業組織也好，幾乎都會有勞逸不均的情形發生在職場上，不然，領一樣的薪水，我幹嘛擔任教學組長？又為何要擔任學務主任？甚至是現在的校長？又不是精神狀況有問題！有一次，因為某種業務，長官決定切割給我的某組長承辦，但那位組長的業務量本來就很龐大，於是我在會議中幫組長發聲，言語過於直接，此舉雖然贏得了「力挺同仁、有情有義」的名聲，卻也可能因此冒犯了當時的長官，得不償失。另外一個例子，擔任教學組長期間，許多語意模稜兩可的公文一律都會派給我處理，有一次我也忍不住跟長官抱怨說為何每次都是我？然而長官也不是省油的燈，回答我：「多做一點，就多學一點，因為我信任你的能力。」這下子我啞口無言，因為沒有人不喜歡被稱讚的吧？只是，近十年來的時空背景改變了，如果你（妳）持續使用上述的說詞去跟現在初出茅廬的年輕人溝通，應該是行不通的。教育圈的弊病，生活過得普遍比較單純，同時也比較安逸，視野也比較狹隘，我所說的絕對是實話！

依據文學大師余秋雨先生的看法，我們華人世界的文化在追求的一種象徵性的角色就是「君子」，大家都希望能夠被稱為君子。當然，君子的相反就是「小人」。職場上的小人確實是存在的，他（她）們經常躲在陰暗的角落，冷不防地放冷箭過來，余秋雨先生的做法就是不隨之起舞，這些小人們也就自然而然地失去舞臺了。當然，這是有難度的，因為我們都只是普通人，情緒難免會受人影響，不過，我想表達的是，擔任校長確實是一種很好的修練，哪怕只是一個三小咖。我幾乎每次在轉換工作環境時，都是伴隨著挫折一起出現的，但表面上看起來好像都是令人稱羨的「升官」，實則非也。外人不知，我也就打算將這其中的秘辛，隨著時間的流逝，就放給它去吧，因為「記憶是痛苦的根源。」（周星馳《功夫》）年近半百（知天命）之年，人生最精華的歲月（我個人認為是45歲以前）已經消逝，剩下約莫15年的可接受時光（60歲以前），我覺得是時候該為自己的中老年生活思考一下，不然，到時候誰可以「推我去曬太陽」呢？一切的不如意與恩怨情仇，隨著本書的出版，希望就讓它煙消雲散吧！

我覺得我是個具有人際溝通及語言魅力的人，原因當然不是已經嚴重走鐘的外型，而是我非常懂得如何去主動關懷及體恤他人。我平均一年要手寫約100張的卡片（自己學校的教職員工約70張生日卡片，再加上其他的林林總總約100張），不要小看親手寫卡片的效用，它絕對不是制式的印刷品可以取代的，而手寫的也比較有溫度。我想，將來無論換到什麼單位，我還是會維持這個手寫卡片的習慣。有人將教育當成志業，也有人只是餬口飯吃，說真的我兩者都是，我的想法就是在我能力範圍之內多做點功德，但前提是也要讓我可以養家活口才行。在臺北（天龍國），說真的老師的薪水雖然穩定，但其實也存不了什麼錢，我幾乎都是月光族，因為非預期的花費實在是太多了，例如獎勵同仁與學生、送禮給外賓等等，這可不是政府所給予的公共關係費可以處理的，很多時候常常需要自掏腰包。我基本上是個不太會計較的人，我常常念茲在茲的就是如何讓事情處理得當，至於是否會花到自己的錢，我倒不是很在乎，我也堅信該花的就要花，而且花了就一定會有效果。

從少尉排長、私立學校教師、教育部研究助理（派遣人員）、代理教師、公立學校教師、組長、主任一直到目前的校長，二十年的歲月倏忽即逝，這期間我遇過非常好的長官一路提攜與照顧，也遇過磁場不合的長官對於我的努力似乎視若無睹、充耳不聞，這其實就是人生的常態。不過蠻有趣的一件事情就是，教育圈真的太小，近年來我常常有機會出席一些場合，再次與之前的長官相逢，大家彼此之間仍是笑臉迎人（這是很假掰嗎？行禮如儀？），只是少了一些互動。這種狀況不就跟電視上的那些政治人物是一樣的嗎？在職場上，這也是一種文化現象。本篇的最後，我要特別感謝職場上的幾位「前輩」，因為有您們，讓我得以在遭受挫折時還能看到一絲曙光，繼續地在這個圈子打拼：

一、 已故濱江實中黃秀森主任

感謝黃主任的雍容大度，在您擔任我的主管的期間，不僅常常力挺我的一些比較創新且大膽甚至是無厘頭的想法，也非常包容我這個讀書人的臭脾氣，更讓我無後顧之憂地去進修博士學位。幾年前還去參加您公子的婚禮，沒想到那次竟然是最後一次見到您。人生無常，如果真有來世，我非常樂意再繼續擔任您的組長，所有的學生活動都交給我處理即可，您只要跟校長坐在臺下哈哈大笑就好。真的非常感念您！

二、 現任南港高中廖純英校長

感謝您教我如何不靠電腦「人工排課」，原來一切的排課原理，只要先了解手排的過程，就很容易去理解排課系統背後所設定的邏輯為何。您的理工人冷靜的頭腦，剛好給了我這個三小咖文人的大腦最好的激盪與磨練。後來的教學組長生涯可謂一帆風順，甚至可以把全校的班級課表跟教師課表都背起來（跟打麻將時把牌蓋起來打有類似的樂趣，只是偶爾會詐胡而已……），這是到目前為止我還很自豪的事情。

三、 現任介壽國中陳建廷校長

無疑地，又高又帥又有陽光般燦爛的笑容，待人謙恭有禮的建廷校長，是「校長界的裴勇俊」。當年我初來乍到介壽國中擔任學務主任，許多事情尚在適應當中，您有好幾個晚上以教務主任的身分陪我留在學校處理家長及學生的問題，可以說是我擔任學務主任期間的師傅。即便到現在，同住民生社區的我們，只要有聚餐或是在社區有露臉的機會，您都會邀請我參加或是回娘家（介壽）看看，這份心意與情感我永銘於心，雖然建廷校長的粉絲很多，不差我一個，但要讓我這種人心服口服的人著實不多。

四、 現任福安國中施俞旭校長

施校長是在我107學年度初任桃源國中校長時的師傅，一日為師、終身為父，施校長的子弟兵也很多，也不差我一個。「隨時充滿熱情活力、反應靈敏及募款能力超強」，是施校長給人的最佳印象。然而，我最敬佩師傅的地方是，他是「真正在辦教育的人」，對於弱勢孩子及家庭的照顧不遺餘力。以他的聲望及資歷，要調到大型學校任職絕對夠格，但師傅從福安國中到新民國中，後來又再次回到福安國中，這種選擇真的令我敬佩，因為師傅只在乎能夠為孩子做多少事情，至於是否在所謂的明星學校任職並不是他腦袋中所在意的事情，校長界的奇葩！

五、 現任雙園國中白玉鈴校長

我是長孫兼長子，從小就希望有個姐姐，我記得我小時候跟幾位親表姊們的感情還不錯。北漂後，跟表姊們就比較少見面了。我跟玉鈴校長一起參加候用校長儲訓，過程中我感受到她身上強烈的正能量，不僅具有女性的溫柔婉約特質，又具有做事決策的魄力，是非常值得我學習的對象。我是一直將

玉鈴校長當成姐姐般對待，遇到一些匪夷所思的困難也會找她商量，不過，今（2023）年2月1日胸腔挨了兩刀的事情我就沒有講了，因為我不想讓家人及朋友們擔心，結果出院後玉鈴校長得知訊息馬上送水果來家裡，揪甘心。然而，隨著本書的出版，突如其來的這兩刀就會連我的母親跟阿嬤都知道了。

六、 現任懷生國中陳政翊校長

這位是我大學同學兼教育系棒球隊隊友兼政大宿舍同寢室室友，也是前後任的教育系系學會會長（都是恩師秦夢群教授擔任系主任時期）。雖然我們倆的個性截然不同，然而對於彼此都非常熟悉。他比我早投入職場，因此歷練也多，做事非常有魄力，因此很多工作上的事情我會參考他的想法後再做決定。當年政大的火燒宿舍事件、河堤棒球場的諸多棒球趣事，轉眼間已是近30年前的事情，我很珍惜這份得來不易的同窗情誼。猶記得，當年我騎著FZR很拉風的時候，全班也只有他敢坐我的車子而已，還帶我去西門町的西服店訂做西裝褲，也是幹了不少年少輕狂的糗事。

七、 現任中正國中林泰安校長

這是目前臺北市「最年輕」的國中校長，而且已經歷練過一所學校（古亭國中6年）。泰安校長非常優秀，在教育圈內的形象很好，經營學校認真，獲獎無數，是我一直在學習的對象。在我當年初次遴選比較狀況外（沒經驗）的時候，他給了我諸多建議及需要注意的地方，由衷感謝！能夠如此年輕就當上校長一定有其過人之處，有些「眉角」可能也是很難訴諸文字，只有自己體驗過才會知道。希望未來能有機會能跟泰安校長一起研究這些「眉角」，或許有機會再出版續集也不一定。

八、 現任新北市育林國中陳榮德校長

這位也是我政大教育系的學長，大我兩屆，是一位非常會照顧同學及學弟妹的學長，人緣及風評超好。猶記得我大二剛接觸企管系的課程時，遇到了一堆原文書，到了期中跟期末考根本就念不完，學長竟然還幫我挑重點、查單字，當下的我感動到連「謝謝」兩個字都忘了說。學長公費分發之後，一直也跟我們保持聯絡，在學校行政上也是大有作為，獲得不少長官們的賞識，是一位真的富有教育理想且一步一腳印付諸實現的校長學長，我由衷地敬佩。

九、 已退休之臺北市教師研習中心任光祖前秘書

從我剛退伍時尊稱的「任大哥」，一直到今天的「任前秘書」，永遠是我心中最好的前輩。當年在教研中心擔任教務組職代，下班後幾乎天天搭他的便車下山。當年他的小孩還在念書，他負責接送工作，是個十分有責任感的好爸爸。任前秘書對我也是照顧有加，近年來我偶爾會在臉書上發表比較敢說敢言的字眼，只要他一看到一定會私訊我，提醒我小心發言，畢竟身分是校長。我真的很感謝有這麼一位如此提攜和照顧我的前輩，這是我的福氣。

十、 北市仁愛國中退休校長林美娟聘任督學

這是「俠女校長」的典型代表，從事公益活動不遺餘力，即便退休之後也是如此。在某次偶然的機會裡有幸結識了美娟校長，不僅促成了桃源國中的孩子們在111學年度可以在每週一天中午享用日本熊本縣的特產「香鬆」拌飯，補充營養，孩子們皆非常喜愛且心存感激。再者，美娟聘督也透過其與夫婿（詹董）所經營的基金會給予本校孩子們獎助學金及偶劇團的專用經費，讓之後的全國賽有了可以運用的旅費，偶劇團的孩子們欣喜若狂，因為全國賽常常需要兩天一夜的行程，費用也非常可觀。

十一、 國立臺灣藝術大學賴文堅教授（也是我的學長）

我是大一新鮮人時，學長是碩一，除了在棒球上跟我有共同的話題之外，學長也是當年我服兵役時常常來臺北車站載我去跟恩師見面餐敘並且幫我安排住宿地方的大好人，當然也是恩師的得意門生之一。很慶幸在我人生遇到瓶頸、徬徨無助的時候，有這麼一位古道熱腸的學長如此照顧我，如今學長在高教界也發展出一片天，並常常受邀擔任中等學校教師研習的講座，這是非常值得令我學習的地方。

當然，在職場上及人生的道路上對我照顧有加的前輩們絕對不只以上11位，礙於篇幅只能列舉。在寫作的過程中，我一直在思考，那對於那些曾經踩躝過我或是霸凌過我的人呢？我要寫出來嗎？如果我要寫，我想威力絕對不同凡響，但後來我決定「放下」，因為我寫書是為了散發正向的力量，而不是為了衍生出更多的仇恨。否則，我的人生走到47歲，遭受到的挫折實在是太多了，有些真的不是必要的，也確實是別人造成的。之前提過，我希望藉由此書的出版，讓自己的心靈也得到慰藉與救贖，當然也希望能夠散播正能量，我想這也才符合「立言」的標準。

03

博士學位

**感謝臺師大工教所當年錄取超小咖的我、貨真價實
的博士論文**

踏入職場後深覺如果能夠再度回到校園充電或是汲取新知
是一件非常快樂的事情，另一部分的因素也是因為太太當
時已經在念臺師大工教所的博士班，因此我在擔任教學組
長2年後，也決定報考看看。由於學士及碩士班都是在政大
就讀，因此如有機會念博士班，我想嘗試報考不同的學校
以增廣自己的視野及拓展人脈。眾所皆知，很多系所的博
士班只會錄取大咖等級的學生，如「長」字輩的人物，因
為可以互蒙其利。我也有一個「長」，但只是國中的「組
長」而已，所以我對於錄取與否並不會得失心太重。很幸

運地，放榜後我竟然有幸錄取，我們這一屆共有7位學生，其中還有2位當年都還是全職學生，而裡面也有1位是校長，1位是教育部長官。接下來，開始6年的博士班生涯，從98學年度開始，一直到103學年度結束。前3年大致是以修習學分、海外國際研討會發表論文及準備資格考為主，我大致上都算順利，讓我學到最多的是參加國外的研討會，全程以英文發表自己的論文，不僅磨練臺風與膽量，還可以聆聽各國不同的學者給你的建議，我覺得這種場合確實有很吸引我的地方。我發表過論文的地點有日本東京、北海道、泰國曼谷及印尼的峇里島，其中峇里島的那一場是由IEEE所舉辦的，剛好是符合畢業條件層級的論文，實為幸運。在此，我要特別感謝系上的一位馬嘉徽小姐，是她提供相關畢業條件的訊息讓我可以順利地提出論文口試，不然我可能無法順利畢業。前3年都非常順利，也通過了資格考（總共考4科，每科考3小時，分兩天考。考完以後除了體力跟腦力暫時耗盡，卻也讓我考試功力大增，對於之後的候用主任及候用校長甄選助益很大）。

然而，到了第4年，由於在職場上從教學組長變成教務主任，再加上當（2012）年小女又剛剛出生，我幾乎沒有時間寫論文，就算有時間，心思也不集中。因此我的101學年度在博士班的進展上面是「零」。然而，人終究是有潛力的，102學年度開始我調職到介壽國中，擔任學務主任，工作量更大更複雜，但我卻利用2年的時間將論文完成了，順利取得博士學位。事後歸因，我認為原因是一則我已適應擔任處室主管的生活，二則介壽的家長有好幾位的專長剛好符合我論文研究主題的需求，讓我得以順利進行訪談工作，獲得非常珍貴的第一手資料。我的論文主題是文化創意產業的產學合作，文化議題是我的興趣，也可能跟我多年從事國文的教學工作有關。博士班念了6年順利取得學位，說真的拿到學位證書的那一剎那，心中並沒有太多的起伏，只是覺得又完成了人生的另一件事情。

博士班的恩師是宋修德教授，風度翩翩、學養俱佳，是產學合作方面的專家學者，也承接了諸多教育部的專案，是長官們非常尊敬的學者。每次跟老師meeting的時候，除了導正我論文的方向之外，老師也會主動

關心我在職場上的狀況及提醒我注意身體的保養。我是在學務主任任內拿到學位的，過不久就遴選上國中校長了。老師曾經對我說過，「擔任主管工作有90%就是在聆聽及處理人的情緒問題」，果然如此，從學務主任到現在的校長工作，學校同仁、家長及學生的聲音我都需要聆聽，並試圖要解決他（她）們所面臨的困難與問題，有時候一通電話或者是一場談話就去掉2個小時，感覺很浪費時間，實則魔鬼就藏在細節裡，因為「見面三分情」，有談就有希望。老師在學術上的要求是很嚴謹的，我覺得現在的我可以跟人侃侃而談一些學術上的議題，甚至可以協助正在撰寫論文或是攻讀學位的同仁，師大工教所給我的訓練頗為扎實，非常感謝諸位師長們：饒達欽教授、林騰蛟次長、李懿芳教授、徐昊杲教授、李景峰教授、林俊良教授（加上指導教授宋修德教授共7位口試委員）對於我的博士論文精闢的指導，您們的專業真的是讓學生嘆為觀止。

有一門課，是當年由馮丹白教授所開設的「書報討論」，就是每週由一位同學自行決定報告主題，在課堂上利用約25分鐘的時間向同學們講解，之後再由老

師及同學們給予回饋與評論。我利用這門課，將我所欣賞的余秋雨先生的作品、香港BEYOND樂團的歌曲及港片的經典臺詞等主題全部做過一輪分享，得到老師及同學們的認同與讚揚。這門課讓同學們的專長得到發揮，同時也訓練演說及組織能力，我覺得是令我印象最深刻的課程之一。其他像產學合作或是技職教育方面的課程，也是讓我受益良多，由於自己剛開始任教的學校是能仁家商，因此對於技職教育體系的孩子更是印象深刻。早期技職教育是國家培養產業人才的主要來源，然而時空背景更迭及社會觀念改變，出現了基層人力短缺的現象。所謂行行出狀元，個人認為社會大眾觀念能否再次扭轉仍需仰賴政府相關政策的推動及誘導。

在博士班的每一門課程幾乎都需要磨練寫作及投稿，甚至是海外發表的能力，當時會覺得為何遊戲規則都要如此嚴格，然而畢業之後，在職場上無論是撰寫工作計畫、參加類似徵文之類的比賽抑或是主任／校長甄選，都是非常有助益的，我非常感謝所有指導過我的師長們，因為您們縝密的訓練，到今天我似乎也能擁有自己的一塊小小品牌，亦即我的文筆是不錯的。

我的學位論文聚焦於文化創意產業，從文獻探討、研究設計、計畫口試、訪談、問卷、統計、結論與建議到最後的論文口試，一步一腳印，每一步都充滿挑戰，但每一步也都走得扎實，論文完成後，我著實有一種脫胎換骨的感覺。

在此特別敘寫一下海外論文發表的趣事：2012年6月峇里島IEEE國際論文研討會。研討會的日期為6月中旬，正值期末，我上了一個簽呈跟學校申請出國發表論文，由於太太當時正懷孕3個月，不宜遠行，於是我邀約一位學弟柏章跟我同行，旅費由我處理。我們報名了燦星旅遊網的峇里島5日遊，並打算在第3天的時候「脫隊」去發表論文。出發當天，桃園機場櫃檯集合，團員共12位，8位是情侶、2位是夫妻，剩下就是我跟學弟，顯得非常「突兀」，哈。經過5小時的飛行，抵達目的地，當地的地陪是華人臉孔，講話很有江湖味，很像香港電影裡面的小人物角色。出關前，我跟學弟用新臺幣500元跟機場櫃台換取印尼盾，之後第一站到達海神廟，我用印尼盾買了一瓶玻璃瓶裝的可樂，邊享受沁涼冷飲的同時，突然想到以我身上的印尼盾總額，可以購買約1,000瓶可樂，有沒有搞錯？

怎麼峇里島的物價有這麼低廉嗎？後來學弟也確認他身上的印尼盾確實也有這麼多。後來我們恍然大悟，應該是機場的兌換外幣的人員搞錯了，我們拿的是新臺幣，但是對方應該誤以為是人民幣了（佰元的面額鈔票顏色一樣，但上面的人物不一樣，但外國人可能搞不清楚……），所以我們身上多了5倍左右的印尼盾，頓時變成大爺了。由於已經出關，也不可能將貨幣退回去，因此在未來的4天裡，我跟學弟過得非常「優渥」，這真的是天外飛來的橫財。

我私下找機會跟地陪說明我此行的真正目的與需求並請他安排，頓時他皺起了眉頭，感覺很為難，一直強調旅客的安全是他的責任。我想他的想法也沒錯，但我還是請他幫忙安排計程車及之後如何與他們會合，並強調我會多給一點小費（後來我給了美金50元），於是地陪就說他會處理。第三天，我跟學弟「如願以償」地脫隊了，我到達研討會地點的飯店，順利地完成了發表並請學弟幫我拍照，也帶回了研討會的刊物做為之後畢業條件的證明。由於我是介紹臺灣的文創產業，其中有談到電音三太子，有外國人當場非常有興趣，當場問我那個是真的有人在裡面操偶嗎？我回答是的，也感到很

光榮，因為我讓外國人更為了解臺灣的文化。之後的行程就輕鬆了，回臺灣的前一天晚上所有團員晚上聚集在villa的涼亭下，邊喝啤酒邊打牌（沒有賭注），大家知道我跟學弟此行的用意之後，皆表示非常讚賞，也了解學弟原來是陪我來出任務的，哈！回程的飛機上，在菲律賓上空遭遇亂流，晃動得蠻厲害的。頓時我閃過了人生跑馬燈，我想說好不容易完成一項艱困的任務，不會連未出生的女兒都見不到面吧？5分鐘後，亂流總算停止了，飛機也安全降落桃機，這是我博士班歷程中一件刻骨銘心的事件。

確定可以參加畢業典禮後，我邀請阿公阿嬤上來臺北參加，但阿公說當時阿嬤的腳比較不方便行走，於是後來是母親上來參加（如照片）。我找了一天，特地帶著博士袍搭高鐵南下（當日南北往返）跟阿公阿嬤到老家附近的照相館合影（如照片），不是愛現，而是為了讓阿公阿嬤高興。念完博士班，我並沒有「加薪」，但那從來就不是我所重視的事情，不過我應該有「加值」，無論是在能力、學養或是其他我沒有想到的層面。我常常在想，如果運用自己所學，能否為社會做點什麼事情？一路走到今天，我發現我在學校

所做的教育工作，常常會融入過去幾年我所閱讀理解的概念或是想法，尤其是在學生的品德教育跟生活教育當中。讀書最大的好處，我個人覺得，當多數人面對一個問題百思不得其解時，若我能夠想出其中的解決方案，獲得多數人的贊同，那就是運用知識的甜美滋味了。我一個三小咖都能如此強烈感受，更何況是更多學有專精的學者跟前輩們呢？西洋「知識就是力量」（Knowledge is power.）、「筆銳於劍」（A pen is mightier than a sword.）等諺語，其來有自。

母親北上參加博士班畢業典禮

博士論文：技專校院與文化創意
產業產學合作機制之研究

妻女參加博士班畢業典禮

女兒穿博士袍的模樣

博士袍全家福

肆

衣帶漸寬

所見所聞

**害人不淺的MTV、官場現形、馬屁文化、教育圈的
視野**

我想，對於五、六年級生來講，MTV這種場所大家應該都
有聽過，目前大多是集中在西門町一帶，而我小時候也曾
經在臺南的鬧區（中國城，現已拆除）看過。我個人是沒
有去過，不過聽「有經驗的人」說，它就是一間小包廂，
想看什麼影片自己挑選，店家會提供飲食，消費平價，且
「服務生沒事不會隨便敲門打擾」（靠X，就是這種「白
痴服務」害了許多人，尤其是小女生……）。在我十幾年
的教職生涯中，已經耳聞（也真實遇過）不少國高中生的

第一次性行為就是發生在MTV裡面，而且多數是不安全的性行為。原以為這種場所會像當年的漫畫書店一樣，因為電子書及手機平板的盛行，一間一間地收攤，然而我確實是忽略了人類最原始的生理需求這個因素，它沒有消失……。再者，拜近二十年來網路科技發達之賜，虛擬世界的交友活動極為頻繁，好多個案就直接相約在MTV裡面「處理」。也許大家會有疑惑，那為何不直接去開房間呢？對於國高中生來說，外表上可能較為稚氣（嫩），直接去開房間可能太囂張了。但是MTV就不一樣了，我們可以說我們純粹是去看電影喝咖啡並討論劇情的……噴！鬼才相信呢！要看電影，像華納威秀這種影城，螢幕大、座椅舒適，何必擠在小房間裡面看電影？所以，當然是「醉翁之意不在酒」囉！

我常常利用學生大型集會的時間向孩子們宣導這些MTV的案例，而且我會特別強調，不要以為男生在生理上好像都

可以佔上風而不會吃虧，小心會有觸法的疑慮。甚至，我會稍微提到臺灣一種特殊的「嬰靈崇拜」習俗的文化，但因為我並不是民俗專家，所以我的重點都是擺在男女生在做錯事情之後對於未來生活及身心靈的影響，我想這是很現實，也是需要面對的問題。然而，如果當有一天，社會觀念演變成多數的人認為國高中生相約去MTV「處理」一下並無不妥（男歡女愛），我想，屆時我無話可說。但只要我有任何機會，我就要努力教育孩子這種事情的後果及嚴重性。

「官」字兩個口，這是當年一位阿兵哥跟我說的。官場（職場）確實是可以見證人生百態的地方，但我所在的職場是學校，理應是相對封閉跟單純的處所。然而，隨著社會觀念的改變及時空背景的更迭，學校早已不可能關起門來自己瞎搞，除了要聆聽教育合夥人的聲音之外，與社區的互動也越顯重要，這在之後的篇幅會再次提及。雖然我不算資深，但北漂後一直到今天，我也確實見識過不少「奇人異士」的所作所為，但本書不是要出版來爆料的，那根本不是我的重點，而重點當然是我的家人與朋友們。不過，我仍舊決定將幾件比較印象深刻的事件略提一下，言詞盡量隱晦，也請不要對號入座，因為沒有劃位。基本上，我認為職場上最令我厭惡的特質有以下幾點：

一、沒有擔當（肩膀軟趴趴）

我想這種人在職場上到處都有，平常只出一張嘴，有事情也只剩一張嘴，是很標準的靠嘴吃飯的人。遇到這種人，凡事就得機靈點，尤其若這種人又是長官的話，我們隨時就要準備「壯烈犧牲」（承擔責任）了。然而，即便要當烈士，至少也要「留名青史」，不能死得莫名其妙。因此，平常就要廣結善緣，不要因為同仁的位階比你（妳）低就看不起人家，相反地，要盡量照顧比較基層的人，因為基層的人員聚集起來也是一股強大的力量，必要時甚至會為你（妳）發聲。舉例，基本上我對於學校的同仁都是非常禮遇的，警衛跟工友大哥也不例外。如果我去別的學校開會，車子開到校門口時，我一定下車到警衛室請大哥幫我開門，不會只在車上按幾聲喇叭而已，這是對對方的一種尊重。反之，若開完會要離開該所學校時，我一樣會先去警衛室打個招呼，並再次請警衛大哥幫我開門，然後我再上車將車子駛離。我真的都是這樣做，沒有哪一次是例外的。恩師秦夢群老師常說：「**往後到任何機關服務，不要忘記『門房』一定要顧好。**」我謹記在心，因此連自己住家的警衛大哥都跟我交情很好，我也常常請喝咖啡。平常經營人際關係，就算沒肩膀的長官對你（妳）不滿意，也一定會有人幫你（妳）說話，不要忽略這些基層人員的力量，小

兵也可以立大功！最後，我要說的是，我應該算是很有肩膀的人，但我不把自己當成長官，而是一位有情有義的夥伴同仁。

二、貪婪

身為校長，很多事情得看淡一點，也不能跟同仁計較太多，幸好我不會，不然鐵定會過得非常痛苦。過去十幾年來所看到的貪婪的人實在是不少，或者是說，斤斤計較的人吧！舉例，其一，有人會刻意為了加班費而加班，然而極有可能並無加班之情事，也就是說，加班的時間可能在做自己的事情，只是撐到時間到再去刷卡而已。其二，出公差必定申請交通費，哪怕只有30元也一定要申請，當然這是合理的，只是給人觀感不佳。校長有時候一天之內要跑好幾個行程，我也沒有申請交通費，相形之下我每個月的加油費用將近8,000元，感覺自己好像是個白痴一樣。其三，有些校外人士拜訪學校會帶著伴手禮來，有人竟然可以自作主張（主動積極）加以分配，而且永遠少不了自己一份，就是那種永遠也不想吃虧的樣子。至於其一、其二、其三有沒有可能是同一個人呢？哈哈，天機不可洩漏啊！若真的是，那也

算是非常厲害的角色了。我始終相信，越貪婪的人，生活會過得越不自在，因為隨時都在想著要如何佔別人便宜。人生時間很有限，我寧願傻一點、笨一點，也不要為了這種小事而傷腦筋。是否還有其四、其五、其六呢？可能還有很多種類型吧！

三、 奸邪

「見不得人家好」這句話，還真的適用在某些人身上呢！最近棒球場上最夯的話題，應該就是林襄……喔不，應該是大谷翔平吧！其實兩個人都很夯啦！球迷們當然只會看到大谷表現精采、光鮮亮麗的一面，但平常他如何苦練的過程我們一般人是絕對看不到的。舉這個例子，主要是要強調，我想大部分成功的人士一定會經過一段痛苦的時期，就如同王國維先生所說的「人生三境界」一樣，我們應該去思考人家背後是如何付出的，而不是一昧地唱衰或者是呈現一種酸民的心態，我覺得這樣子永遠都會活在比較與身心不平衡之中。即便人家一出生就含著金湯匙，那又如何？那至少表示人家的上一代，或是上兩代等等是有努力奮鬥過的。我們所應該做的，是透過教育的力量來改變現狀，造成社會階層流

動，而不是讓階級永遠地複製下去，這才是比較正面的做法，否則，除了每天怨天尤人，還能夠怎麼樣呢？講這麼多，到底是要表達什麼？奸邪的人就會在別人背後放冷箭，也就是余秋雨先生所說的小人，永遠躲在陰暗的角落，伺機而動。再舉例，即便我對同仁或是不熟的朋友再怎麼好，依舊有人還是會在你（妳）背後酸言酸語，冷不防地挖坑讓你（妳）跳，我還知道原來我在工作的場域裡是有被取綽號的呢，而且這個綽號頗為不禮貌，如，「電話分機的代號」，這不就是小人的行為嗎？不然是什麼？其實這種人也是到處都有，習慣就好，余秋雨先生說，就忽略這些人，自然而然地讓這些人失去舞台就好了。

四、 懶散怠惰

這種類型的人也是令人十分不齒，公部門裡面當然也有這種人，而且因為受到相關法律的保障，只要不犯大錯，幾乎拿這些人沒辦法，這也是整個體制的漏洞。不過，多數人的眼睛總是雪亮的，這種懶惰的人當然無法獲得同仁或夥伴們很好的評價，不過有的人其實也根本不在乎。舉例，寫一篇學校活動的新聞稿，A4大小，若以800字計，我大概20分鐘可以完成，然而有人卻可以寫

了3天3夜，最後連一根毛也交不出來，結果還是有人必須跳出來收尾，這也是許多組織勞逸不均的原因之一。「工作是跟著人走的」，曾經有一位前輩如此提醒我，我覺得十分中肯，過去十幾年來，我無論扮演什麼角色，以自己負責任及放不下心的個性，其實擔任什麼角色並沒有差別，都會很累，這是個性使然。如果在教育的場域裡，懶散怠惰的人能夠少一點的話，其實受惠最大的一定是學生。不過，這難度太高了，只能盡力而為。

五、 喜歡被捧得高高的，就像在穿「國王的新衣」

這類型的人我想也不用我多說什麼，就是一種古時候昏君的概念。不過，就是有人會投其所好，然後上下交相賊，互相取暖（同溫層）、互蒙其利，畢竟「一粒米養百種人」啊！幸好，我目前還未呈現這種狀態，即使忠言逆耳，或者成為會議中的箭靶，我也都能夠維持著高EQ與同仁們好好溝通，我覺得這是我的特質之一。當然，何謂拍馬屁的話我一定可以區辨，聽了聽笑笑就好，就算暗爽也不要讓別人看出來啊！實務上我確實遇過這種喜歡穿國王的新衣的角色，只可惜我並不在同溫層裡，但只要經由我的嘴巴說出（或是透過文字寫出來）我欣賞或敬佩那位仁兄，那就一定是真實的。

六、 情緒控管不佳、沒有責任感且行事作風怪異

學校跟一般的業界職場或許文化不同，然而確實也很難完全避免勞逸不均的狀況，身為首長雖然力求公平，但總是會有幾位同仁是屬於不會計較跟推託事情的夥伴，因此相對地也成為校長的好幫手，我想這是一種很普遍的狀況。有些同仁，「不斷地聲稱」遇到休假就完全不理會手機訊息，我個人認為這不是一種敬業的態度。因為學校或是校長絕對不會平白無故地在假日還打擾同仁，會發訊息一定是有比較緊急的事情，然而就是有人不會讀取，等到事情解決以後才惺惺作態假裝自己不知道有這件事，我覺得我不是很認同這種態度。沒錯，休假是權利，但學生是我們的責任；再者，還有一種人，一直發送訊息給你（妳），要你（妳）幫他（她）的學校臉書按讚，然而自己卻永遠不會幫自己的臉友按讚，這是做人的基本道理嗎？沒有禮尚往來，以為別人都是必須順從你（妳），天底下有這麼便宜的事情？最後，情緒控管不佳更是職場的大忌，尤其是，自己為人師表還如此幼稚，真的是會讓人笑掉大牙。

我個人認為，教育圈的工作及生活相對單純，因此視野也相對狹隘。若是跟競爭激烈的企業界相比，我真的覺得教育圈還蠻「舒適」的，這是比較令人擔憂的現象。教育工作是要教導孩子能夠適應未來的生活，因此教育人員，無論是教師還是行政人員，都應當具有更廣闊的胸襟去接受新的事物或挑戰，而非閉門造車、坐井觀天，如此國民的素質便永遠也沒有辦法提升，畢竟教育人員是這方面的掌舵者，教育不是萬能，但是教育可以改變很多人事物，至少我一直堅信如此的信念！

價值衝突

**可以影響更多人是否也代表包袱更大？人生就是很
多兩難的問題**

大學時的年輕歲月，遊走在文學院與商學院之間，兩邊的
文化截然不同。商學院強調利基、競爭力、競爭優勢、執
行力、品牌等，而文學院則給人比較與世無爭的感覺。當
年稚嫩的我一直覺得商學院才是比較適合我發展的場域，
而我除了幾個科目，如微積分，低空掠過以外，在吳思華
教授的〈企業政策〉的課堂上還因為報告得不錯被教授稱
讚，而且我只是一個外系生。於是當時一心一意就只想往
業界發展，殊不知自己身上的血液或基因隱藏著與世無爭

的豁達思維，直到一連串的挫折降臨，如父親離世、無預警被當掉2學分導致生涯規劃亂掉（沉迷打麻將準備當賭神）、教師甄選非本科系的謀職困難……等，也許在旁人眼光看來這些都不算大事，我想這只是觀點的不同，因為別人的大事我也有可能認為是小事而已。

生命畢竟峰迴路轉，我還是沒有往業界發展，其實這樣也好，因為以我的個性搞不好會更快陣亡。在教育這個場域也待了近二十年，這二十年來國際情勢跟臺灣社會的變化可謂巨大，當然也包含教育政策的更迭。很多過去夯極一時的政策如今多數已煙消雲散，甚至當年盛行的經典刊物如今也淪落在舊書店或是資源回收場裡面，這就是人生的寫照啊！碩士班畢業後，我努力地想「游上岸」（考上老師），說真的我原先就只是想當個老師而已，我記得曾經對太太（當時是女朋友）說過，「我只想影響教室裡面的二、三十位學生就好，在教室我就是老大。」然而，當時

已經在教育部任職的太太跟我說，「擔任行政工作可以造福更多孩子。」96學年度考上老師之後，其實我也沒得選擇，直接就被指派擔任教學組長，我確實是蠻適合做行政工作的，因為只要是我認為對學生有益的事情，我會盡所有的可能性將它完成，哪怕中間需要身段柔軟，我一定非常「柔軟」。不過，我心中自有一把尺，會藉由一件任務的處理過程去觀察洞悉每位夥伴的個性與特質。從初任教師就擔任行政工作，到如今都沒有中斷過，所以嚴格來說我並沒有放過所謂的寒暑假，甚至我只要有兩、三天請假沒到學校，例如出國，心裡還會覺得有點愧疚呢！（看來，我好像病得不輕啊～怎麼會有這種傻瓜想法？）

從組長、主任到校長，這些都不是我原來的規劃，但全部都發生了，那接下來還會不會有別的可能性？我哪知道？現今的校長工作跟以往確實不一樣，很多事情都要一肩扛起，而且偶爾也要作秀一下，說好聽一點，就是在行銷學校，或者是經營管理學校。我覺得擔任校長的視野及高度絕對要高於其他同仁，這也是為何所做出的決定沒有辦法滿足所有人的原因，因為多數人都只有看到自己想看到的面向而已，這或許也就是「包袱」的主要因素吧！不過，學校仍舊是要運作下去，不能凡事都議而不決，或是不敢

做決定。有時候，做出的決定跟自己內心的價值衝突怎麼辦？我盡量將事情單純化，只要是對學生好的事情就放膽去做（當然，不能違法），而所謂對學生好的事情必須經過縝密的思考與評估，而不是哪個人說了就算數。

劉德華、郭富城和吳孟達所主演的電影《五億探長雷洛傳2：父子情仇》裡面有一段經典台詞：「世事往往就如同一枚硬幣一樣有正、反兩面，一面是人頭，一面是字，你不能只單看它的一面。」是的，就像家長群體裡面有正向熱心的家長，當然也會有所謂的「恐龍家長」；而教師群體裡面有認真負責的老師，當然也有所謂的「不適任教師」。我願意相信，絕大多數的家長跟老師都是容易溝通且將孩子們的權益擺在第一位的，雖然我的職涯中確實遭遇過幾位特殊的「訪客」，讓我消耗了不少時間來處理相關事宜。舉例，幾年前曾經有一位家長，一直投訴孩子疑似在班上遭到霸凌，每次我都非常認真地看待，也利用非上課時間找班上的幹部及其他學生一一訪談，花了一段時間事情終於讓我拼湊出來，根據諸多孩子們所講出來的實際狀況，每次只要是該位疑似遭受霸凌的孩子出狀況，起因幾乎都是他自己先去弄別人，因此似乎構不成霸凌的要件（權勢不對等）。我將這些狀況跟家長溝通，並試圖與

家長找出孩子的癥結點，以及之後是否有更好的方式跟班上同學相處。無奈的是，家長聽不進去（同樣為人父母，我或許可以體會不願接受自己的孩子也有問題的說法），於是最後我去了兩次議員辦公室開協調會。這位家長一直要校長親自出面說明，不過當時都是我代理校長出席。最後，這位家長決定幫孩子辦理轉學，來學校辦理手續的時候反而對我非常客氣，他說他非常敬佩我做事的態度，也預祝我將來會有更好的發展。其實我當下是非常惋惜的，我非常想要幫助這位家長及學生解決問題，不過這其中可能有一些訊息是我不知道的吧？當年我也祝福這位孩子能夠找到適合他的學校跟班級。

以上案例，好像常常在各校上演，司空見慣。我的「反思」有以下幾點：

其一，在實務經驗中，國中階段的孩子，常常會玩過頭，結果就變成疑似霸凌或性平事件，因此法治教育的宣導刻不容緩。但是有一點，我個人是覺得在事情尚未定案之前，不要常常將霸凌兩個字掛在嘴邊，以免讓不了解其中狀況的人士以訛傳訛，弄到最後好像是真的一樣，對所有的學生都是不好的。

其二，當時家長一直強調要校長出面解釋，那到底校長應不應該出面呢？這或許沒有標準答案。只是如今我也擔任校長了，如有遇到類似的事情，我想我個人是會出面跟家長溝通的，因為這一向是我的風格，見面三分情，展現誠意。

其三，臺灣現今的教育環境，政治力介入的程度似乎太多了，民意代表為民喉舌當然是好事，實務上我也曾遇過議員辦公室主任私下跟我說他（她）們必須做選民服務沒有辦法，要我多體諒。我當然知道，很多事情真的就是點到為止就好，如果要將其說破，那場面就會非常難看。我不知道國外的教育現場是什麼情形，但我一直認為外國的月亮並不會比較圓，既然我們自己的環境和氛圍是如此，就應該努力去適應，或者是改進，並且以解決孩子的問題為第一要件，而不是滿足大人們的需求，如此便是本末倒置。

人生若有得選擇，那很不錯；若多到不知道如何選擇，那應該也蠻困擾的。至於我一路走來，其實也沒有太多選擇，因為很多時候，當下的情境就是那個樣子，大家都會認為那是最好的選擇。就像我現在走的

路一樣，家人和朋友都認為是正確的道路，而且名聲還不錯。我當然知道，只是我的血液中潛藏著不願意被太多條件和規定束縛的因子，而偏偏這條路又有太多需要留意的事情。我常常舉一個很戲謔的例子，就是如果有一位穿著吊嘎仔及藍白拖的中年男子在路邊抽菸，大家可能不以為意。然而，如果有一位校長就站在路邊抽菸，我實在是不知道接下來會發生什麼事情。當然，這個例子可能沒有很恰當，而我也不會抽菸，我只是要強調，老師、校長也都是普通人而已，但一般的社會價值觀總是會賦予我們什麼錯都不能犯一樣。也許你（妳）會說，「這是因為你（妳）們具有社會聲望和地位啊！」是的，我確實是有感受到一些聲望和地位，但這跟所得似乎沒有正向關係，以教育人員的平均薪資，我必須說在天龍國真的不算什麼，我的身分是校長，常常有許多活動需要自掏腰包，一個月數千元的公共關係費真的非常微薄。也許你（妳）還會說，「教育就是一種志業啊！」（就是要「做功德」的意思～）然而我可以很自豪地講，我所做的功德不在少數，如果我將精力擺在別的地方，而不是四處奔走幫學校及孩子們募款的話，我想我今天可以做得很輕鬆！我有幾位在業界服務的朋友，年資跟我差不多，忙碌的程度好像也跟

我差不多，但是他（她）們的年薪是我的5倍以上。我絕非嗜財如命，也樂善好施，但常常會感覺到若有更多的資源，我其實可以做更多事情、幫助更多孩子，我想很多人應該跟我有著類似的想法。

以上所提，是整個國家跟社會體制的問題，也不是一時半刻可以解決的，我想既然頭都洗下去了，當然要把它洗完。然而我也希望社會大眾能多給教育現場的人員多一點支持與鼓勵，至少這是在微薄的薪俸中一股溫暖正向的力量，教育人員多半是知識分子，對於物質的需求絕對不會大過於心理層面的支持，但前提是，總要讓我們「衣食不虞匱乏」才行吧？本篇文章重點絕對不是在抱怨，而是表達近二十年來筆者本人觀察教育現場的一些現象的看法。我們常說，「窮不能窮教育」、「蓋學校總比蓋監獄好」，是的，既然為政者及長官們有如此的決心，其實可以多聆聽現場人員的聲音，有些問題沉痾已久，或許已經形成一股文化，文化要如何轉變及改造，當然是大工程。「十年樹木，百年樹人」，但是百年以後，我們都「百年」了，不是嗎？（這是著名的經濟學家凱因斯說的，不是我……）

有些事情，若程序合法，就直接給它衝下去吧！一昧
保守的結果，就是原地打轉、一事無成。我沒有其他
的一技之長，這輩子應該是無法轉換跑道了，但我希
望能夠在有生之年，看到心目中理想的教育環境及氛
圍出現在現實生活中，而不是只是在夢境裡。我知道
有很多人已經做了許多的事情跟努力了，我們應當多
給予肯定及讚美，因為不身在其中，絕對不會知道這
箇中的困境與學問。

振筆疾書之
1999吃到飽

**投訴內容五花八門、互相信任才是解決之道、過度
的民主=民粹？**

我的寫作功力的養成，主要來自於幾個方面：

一、天資聰穎（0%）。

二、教育部長官的調教（20%）。

三、博士班課程、資格考的洗禮與學位論文的撰寫（40%）。

四、1999回覆的磨練（40%）。

尤其是後面兩者，真的是經典，博士班的事情之前已經有篇幅描述，因此本篇聚焦於1999回覆的磨練。民主社會，人人都有發言跟表達意見的權利，因此有院長信箱、部長信箱、市長信箱、局長信箱……等，立意良善，然而任何立意良善的政策或措施只要被濫用，就會歪掉，這是人人皆知的道理。我在學務主任任內，如果以每週回覆一次陳情案件，一年以50週計算的話，差不多也回覆了應該有50次X5年=250次左右，每次依據投訴的內容不一樣，文字的長度也不一樣，若每篇以500～600字計算，那就等於寫了250篇作文，所以，「羅馬不是一天造成的」。寫作就跟打棒球一樣，常常練習，手感就會很好。當然，不是每個人都會亂寫1999，但有些時候它的確盡到了提醒的功能，讓公部門知道需要改進的地方在哪裡。我也打過一次1999，因為住家樓下的人孔蓋突然大量噴水，就跟緊急狀況報警的原理是一樣的。

基本上，學校端最常接到的1999，90%一定是跟老師或學生有關。剩下的10%或許是工程、硬體，或者是像「朝會音量太吵擾人清夢」（這一點我必須強調，學校朝會有它的必要性，不要住在學校旁邊，享受學校的資源，如操

場、泳池，又嫌惡朝會的聲音，天底下哪有那麼好的事情？）這種鳥事，或者是其他奇奇怪怪的事情，可能有很多東西連學校內部的人員自己都不知道，1999倒是可以發揮善盡提醒的功能。曾經，我為了學生的作息時間，寫成議案提到校務會議表決，原因是陳情人希望中午提早5分鐘下課，讓學生們多點時間用餐跟打掃，我覺得這個論點合理，因此我很認真地寫了幾個方案供委員們參考跟表決（然而，學生待在學校的時間就那麼多而已，這邊多了5分鐘勢必其他地方會少了5分鐘，因為羊毛出在羊身上）。

學校的主要元素就是親、師、生三種角色，也因此可以排列出6種組合，亦即「親對親」、「親對師」、「親對生」、「師對師」、「師對生」、「生對生」，當然也有的時候會「親師生一起大鍋炒」，這是我過去幾年研究出來的心得。這幾種組合常常會有意見不合吵鬧的時候，哪一種最難處理？看法因人而異，依據我個人過去幾年的經驗，我覺得是「親對親」，因為他（她）們老是喜歡把學校闢為戰場，動不動就要找民代來助陣，就像日俄戰爭的戰場竟然發生在中國一樣。這時候，能夠調解這種場合的通常也是家長，例如強而有力的家長會長。近來，我覺得

「師對師」也蠻有意思的，因為「文人相輕」，每個人都自以為了不起，很難動搖其想法。殊不知外面的世界有多麼地腥風血雨，不槍口一致對外，還在「網內互打」？豈不愧對了諸多堅守自己崗位為學生無私奉獻的其他老師們？

「親對師」跟「師對生」是大宗，就是親師及師生衝突啦，我想這些事情在各校都有可能發生，我就不用在這裡浪費唇舌。至於「生對生」也不難處理，小孩子的等級畢竟跟大人不一樣。那，「親對生」是什麼狀況？父（母）、子（女）的恩怨情仇？有這樣的事？當然有，實務上我真的處理過兒子打113家暴專線投訴自己的母親的案例，後來據了解母親只是工作太忙疏於管教，並未有疑似家暴之情事，卻也中獎了，這個兒子不簡單啊，稱得上是「大義滅親」了。母親跑來學校哭訴她的無奈，真是家家有本難念的經。回憶學務主任5年歲月，我最常扮演的角色就是調解委員會的「主任委員」跟1999回覆內容的「小編」，這不是在開玩笑，是千真萬確的！我想也就是因為有過這些磨練，記得當年考上候用校長時，同期的同學的身

分都是教務主任居多，而我是裡面唯一的學務主任。當年要離開這個職務時，交接給下一任的資料應該有60%都是曾經回覆過陳情案件的資料，要集結成書成為教材應該也不是一件太難的事情。

人與人之間若沒有互信的基礎，無論是家長或老師，或是學校內自己的同事，很多事情都不用再多談了，或者是簡單的事情也會變得非常複雜，最後吃虧的一定還是學生。我想無論是家長或是教育人員都不願看到這種情形，因此，互相信任當然才是王道，不過，這當然不是隨口說說那麼簡單而已，有些恩怨沉積已久，豈有那麼容易化解的道理？我個人想傳遞的觀念是，「以德報怨」。不過，連孔老夫子也說要「以直報怨」，所以我也不敢再多說什麼。民主的社會固然得來不易，但我個人覺得要以和諧的社會為基礎，不然就是每天打打鬧鬧囉？依據規定，1999回覆陳情人之後，陳情人若不滿意，可以「上訴」，但文件往返3次就必須結案。所以，是不是最多寫個3篇文章就完結篇了？答案可能並非如此，因為陳情人可以再另闢新案，舊調新彈。

以下是我聽過的案例，幾位陳情人聯合起來，每隔兩到三天輪流出招，以「車輪戰」的方式寫1999，陳情的內容大同小異，致使接受陳情的那一方（學校）疲於奔命，幾乎每天都要接到長官的來電交辦事情……。我個人是覺得，除非是有什麼非常嚴重的事情或者是溝通的管道已經無效，如果讓教育人員疲於奔命，每天都在花時間回覆這些陳情文件，等於是不在計畫內的事情，是否同樣也稀釋掉了可以為孩子們做事和服務的時間呢？或許我們可以換位思考，事情不是不能反應，但是手段或方式可以溫和一點，但這只是我個人的觀點。

還有一點：訴諸媒體。據我的觀察，學校的環境及氛圍比較保守，也相對單純，因此對於負面的事情登上媒體好像覺得就是世界末日一樣，說真的我不認為有那麼嚴重，如果是真的做錯事情該修正就要修正，這也是給我們一個警惕。然而，如果是報導有誤，當然可以據理力爭，學校也不會因此黑掉，因為臺灣畢竟還是一個法治的社會，大部分的民眾眼睛都是雪亮的。總之，就我一個沒有什麼特殊專長，只知道

怎麼跟學生快樂相處的人，我感受得到，你（妳）認
真對待孩子，他（她）們嘴巴上不說，心裡一定都會
記得，不要小看這些孩子們，因為過個十年、十五年
他（她）們就會是社會上的一股新力量，教育不必每
次都說要「百年樹人」，如果我們從一百年前就開始
說這句話，那請問到今天為何還一直要「百年樹人」
呢？當然，我知道教育的工作不能停歇（所以一百年
後還要繼續做），但是，身為教育人員，很多事情當
下無法立即解決的話，也不要老是說因為是「百年樹
人」的關係。即使事情不能立即解決，至少也要展現
誠意。

記得小時候在臺南，有一種餐廳叫做可利亞，就是吃
到飽的消費方式，每人好像是199元，當時的物價比較
低廉。每次只要長輩要帶我們去可利亞用餐，就會非
常期待。現在在臺北，即便是下午茶時段，吃到飽也
動輒1,000元左右，對於我這個食量不大的人來說，是
非常不划算的。不要懷疑，我食量真的不大，也不會
因為東西好吃就暴飲暴食，但我就是長成「大隻佬」
的樣子，我也很困擾。究其原因，可能是跟從小就會

幫阿公搬運榻榻米跟長年打棒球有關，我做過精密的健檢，醫師說我身上的肌肉佔了70%，所以要減重也不是那麼容易的事情。結果進入職場以後，得知有1999專線，俗稱「1999吃到飽」，也配合北部的消費水準，五星級飯店一客自助餐現在至少都要1,500元了吧！幸好我沒有這種需求，也不是大胃王，通常只要兩盤我就投降了。

透過1999專線當然可以反應民意，然而我的經驗告訴我，若是學校端的事情，還是必須回到學校現場來解決。因此，我覺得「親師生相互信任」才是王道，人總是沒有完美的，不管是校長、老師還是家長都一樣，如果可以先面對面溝通，把心中的疑慮或者是不滿講開，我覺得情緒就已經去掉一大半了。之前我的夥伴很害怕接到所謂恐龍家長的電話，我都跟同仁分享說，你（妳）們就先聽他（她）們講，等他（她）們講完氣應該也消解了一半了，到時候再找機會插話來談談有效的解決之道，而不是一接起電話就準備開戰，如此一來事情只會越來越複雜而已。當然，我這種做法是有難度的，也並不是每個人都能認同，但是

依據我的經驗，除非是事情已經到了很難收拾的地步（如：已發生肢體衝突且有人掛彩……等），不然應該會有80%的成功機率。

我不懂政治，不過我知道民主應該是很難走回頭路的，因為一些制度的建立就代表了某些政治承諾的產生。如果制度本身沒有問題，那就是使用制度的人要有一定的素質跟水準，而不是專找制度的漏洞，因為「人謀不臧」。誠摯盼望，任何的教育作為應該都要以學生權益為優先的思考順序，而不是「大人」。大人的世界太複雜了，我覺得可以不要讓孩子們過早歷經這種社會化的渲染與影響。無論如何，縱使社會越來越多元，世界的變化越來越快速，我仍舊願意相信人性是善良的，人皆有惻隱之心，沒有人會故意要去找老師麻煩，或是故意找孩子麻煩，因為大家都有視覺或思考上的盲點，因此要視野要盡量拉高，不要陷落在「見樹不見林」的窠臼裡面，如此，或許教育的場域就能夠祥和許多，每個人都可以專心地盡自己的本分為孩子們策劃更為美好的教育活動，希望有朝一日，劇本是這樣子在走的。

別人笑我
太瘋癲

文化塑造

何謂文化、文化底蘊、校園文化的形塑、青少年次文化

古今中外的學者對於「文化」兩個字的定義可謂汗牛充棟，其中，我個人覺得余秋雨先生的定義最為簡明扼要易懂：「**文化，是一種精神價值和生活方式。它通過積累和引導，創建集體人格。**」（余秋雨，2012，《何謂文化》，天下文化出版）。「精神價值、生活方式、集體人格」，我覺得實在是詮釋得太好了，大師就是大師！余秋雨先生亦曾在來臺的演講中舉例：我們常常稱呼屈原為愛國詩人，當時他所愛的「國」應該就是「楚國」，楚國大

概位於今日中國大陸的湖北省一帶。因此，後代為了紀念屈原而有包粽子、划龍舟等習俗，照道理來說應該是今日的湖北省的居民去紀念他就好了，然而全世界只要有華人的地方幾乎都會有上述的習俗，為何會如此？其實這就是代表了「文化的力量無遠弗屆」。因此，文化的力量不可小覷，一個國家的國民是否具有「文化底蘊」（依我自己的看法就是人文素養），當然也代表了這個國家的國民素質與軟實力。

文化其實就滿佈在我們生活的周遭：臺南人的早餐喜歡吃牛肉湯、虱目魚皮湯、肉燥飯等，一天沒吃就渾身不對勁（我的阿公就是這樣），是一種獨特的飲食文化；小時候在南部，中秋節並沒有在烤肉，而是在放煙火，結果也不知道什麼時候家家戶戶變成開始要烤肉了（聽說是受到「一家烤肉萬家香」這句廣告詞的影響），因此這種文化也就形成了；近年來中華職棒各個隊伍都有了應援的啦啦

隊，讓原本陽剛的棒球運動多了一股柔性又活潑的力量，儼然也更新了臺灣棒球的應援文化；還有勞工朋友們都熟悉的維士比（阿比仔）、保力達B等產品，搭配莎莎亞椰奶、維大力汽水或臺灣啤酒等，也是一種很有特色的勞工文化。上述只是列舉諸多例子的幾種而已，現實世界中有著更多有趣的現象值得我們去觀察與探討。

教育圈當然也有教育圈的文化，跟企業界應該大相逕庭，如人飲水冷暖自知，點滴在心頭，我這邊也不用多所贅述。身為學校主管，我一直念茲在茲的，除了孩子們的照顧與教導之外，就是想要形塑良善且正向的校園文化。這部分沒有捷徑和特效藥，效果也很難評估，但我就是努力去做就對了。我希望在學校裡面的每個人，無論是老師、職員工或是學生，在遇到問題或挫折時都能夠正向思考，並參酌師長或同仁們的建議，突破自己的盲點。雖然教育並非萬能，但至少要懷抱希望，如此路途就算顛簸難行，我們仍舊擁有勇於面對的勇氣。如果多數人都只在乎加班費有多少、鐘點費有多少，那很多事情都不用做了，愧對孔老夫子。學校若有個行為指導的最高標準，類似「願景」或「核心價值」之類的東西或理念，讓校內的每一份子都能夠有所依循或是奉為圭臬，我想很多問題根本就不會是問題，就算真的是疑難雜症也一定可以迎刃而解。

再來可以談談青少年的次文化，這一區塊可就精彩了。國高中時期的青少年正處於人格養成的關鍵時期，也是身心劇烈變化的狂飆期。當我自己是青少年時，由於當年沒有什麼外在誘因，頂多只是補習班下課時偷偷跑去打電動，或者是寫封情書給補習班的女生而已。然而，現代21世紀的社會可不能同日而語，各式各樣的誘因不斷襲來，能不為所動的孩子們可能少之又少。舉例，「網路沉迷（成癮）」。在虛擬的世界中，青少年容易迷失自我，反而真實世界的老師及家人他（她）不甚在乎。在這樣子的情況下，容易誤交損友，人財兩失，得不償失。再者，3C對於身體機能的影響，如視力、頸椎等。還有，實務上遇過不少因為3C產品的使用爭執而導致家庭革命的案例，之前的篇幅有提過「親對生」的組合模式，3C產品可能也是誘發衝突的其中一項原因。於是，學校端可能會設置「養機場」，保管學生的手機，以避免影響其日常的學習情形，然而，放學後的使用就必須靠父母親一起合作了，否則，在學校管理了半天，一回家就全部走鐘，很令人洩氣。我曾經在某餐廳目睹過一家四口（父、母、子、女）的用餐情形，過程中四個人都是邊吃邊使用自己的手機，一家人從頭到尾沒有交談，失去了家庭聚餐的意義。其實，恕我多嘴，有時候大人自己都克制不了要常常滑手機了，更何況是身心發展未臻成熟的學子們呢？

「重視同儕意見」也是青少年的特質（文化）之一，我想這也是眾所皆知的道理。學校就是一種團體的生活，諸多學生活動或課程的策劃與安排就是運用青少年重視同儕的原理。我記得我國中的畢業旅行都是由導師們親自帶隊，那時並沒有旅行社在承辦這些活動，而露營活動大部分都是在校內紮營，結合野炊及團康活動。現在的國中生的畢業旅行跟校外教學都有專門的旅行社在服務了，真是幸福。我應該參加過二十來次的露營活動及畢業旅行了，活動的高潮幾乎就是營火晚會（營火舞、小隊競賽、小隊表演……等），它所運用的即是青少年注重同儕想法的原理，兩到三天的活動讓孩子們以團隊合作的方式去解決問題並達成任務。在這種類型的活動中，常常可以發掘具有領袖特質的學生，而這些學生平時在班上不一定是最活躍的，這是一個蠻有趣的現象。學校端的班際競賽，無論是動態或是靜態的，當然也是如此，主要就是要激發孩子們的榮譽感與團隊合作的潛力。隨著社會越來越多元，相關議題融入課程與活動也是蔚為風尚，但不可諱言的是，最辛苦的還是學校設計課程及兼任行政工作的老師們，因為需要融入的議題只會越來越多，不會減少。

再舉一項青少年的特質：「好奇心重，卻也可塑性高。」因為好奇心重，所以有時一不小心就會鑄下大錯，這邊的「大錯」指的是比較嚴重的事情，例如加入幫派或者是接觸毒品等，這真的是大錯。因此在實務上學校端都會一直提醒跟宣導，許多公益團體如獅子會或扶輪社也都會安排專業講座進行反毒宣導。然而，無論如何防範，學生的家庭教育也一定要能夠與學校相互配合才行。有些家庭功能不彰的孩子，我個人看了都覺得非常心疼，因為孩子最後會走偏，通常不是他（她）自己的本意。在這方面，親師務必要合作才行。而可塑性高。也是在教育的場域裡常常會有令人感動的人事物發生的原因之一。因為可塑性高，我們常常可以看到孩子們有了正向的變化，這是金錢所無法買到的成就感，也是當老師的最大鼓舞。實務上我曾經將幾位遊走在邊緣的孩子拉回正軌，也許學業成就不怎麼樣，但目前在社會上都是從事正當工作，沒有造成國家社會的負擔與困擾。縱使他（她）們所從事的行業是比較基層的工作，但「一日之所需，百工斯為備」，每個人都有其天賦與功能，就如同《葉問2》裡面所講的：「**人的地位，雖有高低之分，但人格，不應有貴賤之別。**」很欣慰的是，因為我一直堅信可塑性高及人性本善，我也改變了幾位孩子們的生命，就如同我的恩師當年改變了我是一樣

的道理。這幾位孩子，到今天都還持續有在跟我聯繫，他（她）們都叫我老師（當年我就是老師），不是校長。擔任老師或教育人員，很難榮華富貴，但老天爺給了我們工作上不一樣的成就感，我感到非常慶幸！

文化的影響力真的很大，大到可以「殺人」。容我再舉余秋雨先生在《新文化苦旅》一書中的〈一個王朝的背影〉一文裡所提到的清末民初的王國維先生在1927年（民國16年）在頤和園投水而死，死時身上還留著滿清時期所綁的辮子，就是最好的例證。王國維先生在《人間詞話》中所提出的「人生三境界」幾乎是所有國文老師一定會教給孩子們的經典，如此才華洋溢的人為何投水而死？余秋雨先生認為他是死於一種文化，一種認同滿清的文化（有沒有搞錯？沒錯！有興趣的讀者讀完〈一個王朝的背影〉全文就會知道為何如此……）。當然，時空背景更迭，我們不能夠用一百年後的觀點來評論當時為何會發生這種事情，但它確實發生了。生命無價，以現代人的觀點當然會認為要珍惜生命，我們絕不鼓勵自殺，但我個人確實是挺佩服王國維先生這種類似以身殉道的勇氣，試問當今社會又有幾人具有這種決心與勇氣呢？

文章的尾聲，我只是要強調，文化及氛圍很重要，若社會上能夠形塑正向良善的文化，而學校就是一個小型的社會，自然也會受到影響，這種影響是正面的，遇到事情或難題大家理性地溝通討論與解決，相信對於莘莘學子們也是一種正向的身教加言教。當然，上述的理想狀況難度很高，有點像是「天方夜譚」，而我也不希望淪為唱高調的人，但我確實在教育現場是非常努力在經營這一塊，對此我問心無愧。希望在有限的未來，能夠看到國家社會越來越美好，而不是每天打開電視新聞，就看到一堆負面的社會案件，例如有人就老是喜歡在KTV打群架，一定要搞到警方的快打部隊出來壓制才收手，何必呢？以為自己都是葉問宗師可以一個打十個嗎？無論如何，我仍舊願意相信，「臺灣最美麗的風景是人」，縱使現在的我仍有點疑惑，然而，我期待那個解惑的人能夠出現，越快越好！

人生三境界

第一境界：昨夜西風凋碧樹，獨上高樓，望盡天涯路。

第二境界：衣帶漸寬終不悔，為伊消得人憔悴。

第三境界：眾裡尋他千百度，驀然回首，那人卻在燈火闌珊處。

品牌經營

堅毅有韌性、有情有義、文筆、亦莊亦諧、說故事的能力

「品牌」（Brand）對於企業經營具有一定的影響力，對於學校也是如此，甚至個人也會有個人的品牌特質。「市面上」，很多學校的名稱就是一個品牌的象徵，例如學生學業表現、教師團隊獲獎連連、雙語學校、實驗教育……等，而有些校長給人的印象就是資訊能力超強、領導風格卓越、募款能力超強……等，這幾年來我也一直在思考，我在「市場上」比較令人肯定的有哪些特質，經過一段時間的歸納之後，「可能」有以下幾點比較超出常人的標準

（如「歸納錯誤」或是「自我感覺良好」還請讀者們諒解，之後會再修正）：

一、 有情有義

教職員工、朋友、學生有需要幫忙的地方，在能力範圍之內我一定傾全力幫忙，即便已超出我能力範圍我仍會動用可能的人脈加以處理。例如，婚喪喜慶該有的禮數，我絕對不會少，紅白包、花籃、輓聯、盆栽、禮金、本人到場致意……等，除非我的同仁們主動跟我說家裡有宗教信仰或者是其他不同想法不需要學校幫忙，否則我禮數一定會做到足夠。尤其是白帖子，近年來參加告別式的機會大為增加，我完全沒有禁忌，只要有時間一定出席。我的想法很簡單，如果因為這樣能夠帶給往生者的家屬一絲絲的慰藉的話，我都非常願意去做。之前，有同仁因為諸多因素導致疑似罹患憂鬱症，我立馬拜託教師研習中心的長官看看能否盡快幫同仁安排諮商，當然這位同仁本身也很努力，之後狀況有好轉。我

非常了解生病的人的痛苦，無論是身體還是心靈，因此我一得知訊息就立即處理。對學生，我更是毫無保留，只要學生開口而我做得到的，就算欠再多人情我也會去做，為的就是希望孩子們不要因為金錢或是物質等比較「形而下」的因素而在人生的道路上走得很艱難。當然，我個人的力量很有限，但社會資源還有我的幾位朋友資源較為豐富，也時常幫忙我學校的孩子。所以，近十年來，「有情有義」成為我的代名詞，其實這也是恩師一直教導我的地方。

二、 文筆不錯

這是我除了學位論文以外的第一本書，由於寫作時間比較匆促，以及有些地方為了配合劇情需要而保留原汁原味的文字與對話，因此可能有思考不周的地方，還請讀者們見諒。我從擔任組長及主任以來，學校的新聞稿應該有80%都是我在寫的，剛好長官們也鼓勵多多行銷自己的學校，因此在這一塊我的確是蠻有作為的。寫作能力可以運用在很多方面，如之前所說的1999回覆、新聞稿撰寫、臉書內容撰寫、專案計畫撰寫、行動研究撰寫等，都是可以派得上用場的地方。我真的鼓勵中學生們要多閱讀、多寫文章，因為這是一種內在的心智能力，

即便現代資訊科技很方便，但這種組織能力並不是機器可以取代的；有些專書也有提到，未來很多工作可能會被AI人工智慧所取代，然而人類的情感目前無法被取代，因此擔任教育工作，「只要有熱忱（情）的老師就不用怕被取代」。2017年，我借調臺北世大運幫忙，承蒙長官看重，讓我擔任桃園及新竹地區的場館聯繫人，以及負責國際志工手冊的序言和部分長官致詞稿的撰寫。世大運圓滿閉幕，我覺得最開心的事情就是當長官看到我寫的稿子，「一字未改」就再呈給更高層級的長官過目，那種感覺就是一種讀書幾十年突然之間被派上用場，我想只有一個字可以形容而已，那就是「爽」！當年可以考上濱江國中，也是那一年考了教育專業及國文專業的「申論題」我才得以完全發揮，若是「選擇題」的話我應該就準備返鄉找工作了。

三、 亦莊亦諧

我的國文課堂上是蠻有趣的，有許多學生可以作證。即便現在有在大學端兼課，我每學期的教學滿意度也獲得不錯的評價。我的風格有點像吳宗憲的綜藝節目（當然，我的功力可能只有憲哥的30%，但是好像已經綽綽有餘），可以很爆笑地講解文學典故，也可以很莊重地

融入品德教育，收放自如。而在同儕之間，我的發言常常會給人噗哧一笑的反應，有點諧星的味道，但基本上該正經的時候一定會正經。你（妳）可能會問說這樣是不是有病？或許可能有吧，就是一種「**別人笑我太瘋癲，我笑他人看不穿**」（明·唐伯虎〈桃花庵歌〉）的疾病。人生數十寒暑，這輩子又跟榮華富貴毫無關係，不如笑看人生百態，笑鬧之間，就是要做對國家社會有正向影響的事情（如，教育學生），這是我的原則。本書《三小咖校長的天龍【國】八部》的命名由來在序言已經提過，大概就是我這種亦莊亦諧特質之下的產物。課堂上的模式，我也會把它運用到大型活動的主持上面，效果也十分顯著，原因應該是我跟國高中生們的磁場非常吻合，也很了解他（她）們的次文化吧！

明·楊慎〈三國演義卷頭語〉：「**古今多少事，都付笑談中。**」我今（2023）年年底滿47歲，人生的下半場應該算已經開始了，除非我能活到破百歲。目前正值壯年（大叔）階段，可以做的事情還很多，但不諱言的，接下來的50歲、60歲，可能需要「補眠」的時間會越來越多，而到最後就會「長眠」了，哈！我不會忌諱生死議題，讀了諸多古人的經典作品，生死早已雲淡風輕，重點是長眠之後，後人對你（妳）的評價是如何？而大家

有沒有常常想起你（妳）？還是只有在中元普渡的時候呢？就如同我的阿公一樣，大家只要想起祂，心裡面都是溫暖的！身為一個學文科出身的人，我在乎的是這一點，就是這一點而已！

四、 韌性超強

從前面的篇幅看來，我自認為這一路上的挫折（親人離世、求職顛簸、職場犯小人……等）還真不少，如果讀者們認為那都不是挫折的話，那我覺得您們應該更有資格出書。除了一路也有貴人相助，幫我斬妖除魔以外，我覺得自己的韌性還算不錯，縱使被揍了好幾拳，我都有辦法在短時間內就恢復（就像周星馳在電影《功夫》裡面的角色一樣……），並再次回歸正軌。回想近三十年前，我18歲剛來到臺北時，所謂初生之犢不畏虎，心裡面只有想著林強的〈向前走〉，而到現在47歲，卻早已變成黃家駒的〈海闊天空〉，心境的轉換是十分巨大的，但這兩首歌有一個共同的特質，那就是「不服輸」、「正向」跟「內省」。我想這是十分重要的心理特質，也是我一直想教導給學生的能力，但是，很難教，因為多數人沒有經歷過一樣的事情，很難有所謂的同理心去看待這一切。

近年來，青少年自殺跟自傷的頻率上升，而根據我在實務現場的觀察，多數是跟人際關係及網路成癮有關。人畢竟是群居的動物，需要他人的肯定，也需要與他人互動。然而，資訊科技的進步讓生活便利，卻也讓人與人之間的互動頻率減少，或許有人認為這樣很好，但確實也有人因為太過於依賴3C而生病，前面篇幅已有提及。我很希望能夠在教育現場分享自己遭遇挫折時如何調適並迅速重新出發的心路歷程，我想現在至少我可以在自己的學校裡面教育這些孩子，也希望藉由本書的出版，或多或少發揮一點影響力，哪怕只是一丁點也好，只要能夠再拉回幾位（或幾十位、上百位……）遊走在邊緣的孩子，我的目的就已達到，至於本書是否暢銷，我個人一點也不在乎。未來的世界，抗壓能力很重要，因為很多事情都不會是你（妳）原來想像的樣子！

五、 很會說故事

可能本身有點天分，或者是擔任國文老師及博士論文主題（文創產業）的關係，「說故事的能力」也是我比較突出的特質之一。未來，無論是在企業界還是教育圈，這種能力我相信是必要的，除了達到行銷的目的，也可能是說服別人認同你（妳）的理念的一個關鍵。過去幾年的校長生涯中，就有好幾次因為讓校外的社會資源及公益團體認同學校或者是我的做法與理念，引進學校不少軟硬體資源，包含現在學校的「班班有大屏（觸控電視）」，就是我對外募了近百萬的款項，讓老師們教學更為便利，也讓孩子們在無形之中熟悉資訊科技產品的操作，我覺得這對於師生都是非常重要的。再者，我常常在學生朝會前夕，腦海一片空白，但是當我拿起麥克風後，對於孩子們宣導或分享的事項通常都可以隨心所欲、信手拈來，我覺得我還蠻慶幸自己在這方面所具有的天分。有些「故事」，就真的是「故事」而已，是我臨時「杜撰」的（就是俗稱的「唬爛」），但是我的出發點是良善的，是為了達到教育的目的而杜撰出相關的故事。這樣子的經驗，已經持續了近20年，屢試不爽！

每位校長都有自己不同於其他校長的地方，我想我的部分就是上述幾點，也許這也沒有什麼特別好說的，但是如果再把這幾個元素抽掉的話，我想我也就不太認識職場上的自己了。至於，若無關乎職場，我想我本身就是一個極度不願意受羈絆的人，但，為了生活，以及對於長輩們有個交代，我想目前的我只能以這種面貌呈現出來，至少沒有脫離遊戲規則太遠。那個真實的我，可能要等退休以後，或者是脫離職場以後才有機會露臉，然而也有可能根本不會有那麼一天，因為誰知道明天又是什麼樣子？我們常說，「把握當下」、「活在當下」，若依我目前的情況來說是不合格的，因為生命一點一滴地在消逝，而一天24小時裡面我所呈現出來的幾乎都是職場上的自己，也許「真正的自己」都是在睡夢中才會出現呢！「人生如夢」或「人生如戲」，都無所謂，最重要的是夢會醒、戲會散場，而人生無法重來！

03

友善校園

**不是只有paperwork而已，我們是「實質友善」、
桃源國中實質友善案例分享**

我目前服務的學校，臺北市桃源國中，截至111學年度
（112.07.31）結束為止，已連續20學期獲得「臺北市政府
教育局友善校園續優學校」殊榮，是的，是「**連續20學期
未中斷**」。從已故的徐子壽校長開始（2學期），到現任
南門國中王福從校長（8學期），到我過去5年任期（10學
期），總共20學期，「友善校園」儼然已成為桃源國中的
代名詞。這個獎項只有獎狀一紙，沒有獎金，然而我重視
這個獎項遠超過於其他獎項，因為這代表了學校的氛圍是

十分良好友善的，因此也有人認為本校就是「世外桃源」，我想，除了渾然天成的校園環境，最重要的是那股得來不易的校園氛圍。

難道校內都不會有雜音，開會都不會吵架嗎？當然不是，我們也蠻常聽到不同的聲音，如果都不會吵架的學校或組織應該可能也有問題吧！但是桃源國中的教職員工都會以理性的方式進行溝通，即便吵到一個程度後大家也都會「本能性地」住嘴跟收手，因為就我這幾年的觀察，大家的心都是非常柔軟的。不僅校內校職員工生不常有衝突發生，即便有也很神奇，自然會有一股神奇的力量將大家拉回正軌。親師之間的衝突也很少，這跟家長幾乎完全信任學校有很大的關係。至於家長要如何信任學校，我想我資歷尚淺，這部分就不在這裡賣弄，畢竟每所學校經營的方式是不一樣的。爭取友善校園獎項當然也必須繳交一些書面資料，本校每學期都會送出一本活頁資料夾，厚度約8公分，裡面包含了週朝會特定主題的宣導、上學期間校門口周圍的安全導護工作、開學典禮校長親自進行友善校園宣導的資料如投影片及照片等，資料堪稱豐

富，但絕對不是做做資料就交出去而已，因為在每張照片的背後都有一些跟友善校園相關的元素存在，而這些元素就廣佈在桃源國中的校園裡面（無形的＋有形的）。

如果學校常常發生疑似性平或是疑似霸凌的事件，或者是常常要進行校安通報一些突發狀況，然後讓教育局長官疲於奔命或滅火，接著教育局又將友善校園的獎項頒發給桃源國中的話，我想這無異是自打嘴巴。因此，我要強調的是，上述那些疑似什麼什麼的事件本校不是沒有，只是機率不大，且情節非常輕微（缺乏構成要件），或者是經啟動調查程序過後證實不成立，只是要將必要的程序跑完而已。也許讀者們會認為，小型學校的事情本來就比較少，我不能否認或許確實如此，但臺北市也有其他的小型學校，而我也是歷練過大型學校的人，心中的體會自然也有所不同。所以，除了paperwork的工作以外（這只是一道必要程序），平常校園氛圍的形塑才是重點：真誠地對待同仁、主動地關懷老師與學生、遇到事情勇於承擔……等，其實校長做什麼大家確實會有所體會，至於仍有少數充耳不聞的人，那並不是重點，不用過於在意。

以下，分享一個真實案例，發生在110年的9月1日（當天為中小學開學日）：過去3年，全世界遭到Covid-19病毒肆虐，幾乎沒有任何地方倖免於難。110年暑假，暑期輔導全部改成線上授課，也沒有新生實體報到及新生訓練，一切都籠罩在一股不確定性的氛圍當中。不過，我記得那個暑假我只有請過半天假，因為有老師跟我說，如果能夠天天在學校看到校長，會有穩定軍心的效果，結果我真的每天都出現（印象中）。所以，可想而知，新生在暑假中完全沒有到過學校，開學當天勢必會有一段時間比較混亂。雖然，學校已盡量透過各種管道（電話、網頁、臉書、其他⋯⋯等）提醒新生家長開學當天的注意事項，但不可避免的一定會有漏網之魚沒有接收到訊息。所以9月1日當天我請各處室同仁盡量早點到學校，校門口分成三線道量額溫。由於學校的幅員廣大，而量完額溫的新生準備走到山上的教學區，接下來一幕幕感動人心的事情就在桃源國中真實上演：

好幾位穿著制服與體育服裝的8、9年級學生看到著小學服裝或是便服的7年級新生，直接跟他（她）們說：「你（妳）們跟在我們後面走，我們帶你（妳）們去7年級的

教室。」我看到這一幕，當下內心非常激動，因為從休業式結束、暑假開始之後，因為疫情的關係，我也沒有機會再見到這群「舊生」，因此開學日當天指引學弟妹的情節也沒有跟他（她）們事先套招，完全是他（她）們自發性的行為！我以這群孩子們為傲，縱使他（她）們的學業表現並不是特別突出，但是在疫情肆虐及學校人力有限的情形下，這些孩子們的行為讓我看到了人性光輝的一面，我除了歸功於老師們平時的教導，也欣慰他（她）們的家庭教育是如此成功！這幾位孩子在去年及今年都畢業了，偶爾會在社區活動的場合再遇到他（她）們，除了在外型上變得更為成熟了，談吐上也更有自信、更有禮貌。我想，這應該就是「實質友善」的最佳詮釋，而不只是「表面效度」的追求而已。

今（112）年的新生實體報到（總算沒有疫情的干擾，可以如期舉辦了……），我特別請處室主任們規劃了一個新生家長座談會，在跟家長們進行校務說明的過程中，我特別分享了上述舊生指引新生進教室的例子，沒想到竟然有一位家長聽了眼眶泛紅，難道她是這些舊生們其中一位的家長嗎？不管如何，桃源國中就是友善校園的代表，這已經

形成一種文化，任何想要破壞這種優質文化的人都自然而然地會被一股看不見的力量拉回跟制止，我相信。同時我也希望，學校能夠在友善校園方面一直獲得教育局長官們肯定，我們會持續努力。

以下，再分享一位前（110）年的畢業生傳給我的LINE感謝文字，從中也可以看出友善校園的元素（有徵得學生本人同意才進行分享）。在此先補充說明，會跟我加LINE的學生都是我認為比較需要協助的孩子（課業、經濟……），或者是身上具有一些潛質，但是欠缺臨門一腳的孩子，我都希望能夠扮演當年恩師之於我的角色，拉他（她）們一把。

給 校長

校長 謝謝您這三年的陪伴與教導
謝謝您幾乎每天都在校門口看我們上學
謝謝您幫忙我這麼多
謝謝您每次的鼓勵！
今天的畢典 真的很感動😢
謝謝師長們這麼用心的準備畢典
雖然我們這屆沒有隔宿 沒有會考後的生活 沒有實體的畢典 但還是謝謝您們
我在桃中這三年過得很好 很快樂！
感謝有您們這群老師的教誨！
您說過 您和我們一起進入桃中
所以回憶特別多！真的很開心能和您一起進入這間學校🏫謝謝您們 給我這三年的回憶都這麼美好😊今天 我畢業了🎓要正式離開桃中了 畢業後我會常常回去學校的！最後還是要謝謝校長🙏感恩！！！

這位孩子跟我一起在107學年度進入桃源國中，是非常懂事且貼心的一位孩子，我對她的印象很好。原本家中的經濟狀況尚可，但後來因為疫情的影響，父親的收入變得很不穩定。有一次，她直接來校長室找我，說阿嬤請她來找我，因為家裡有困難。我了解狀況後，除了一些升學書籍的提供，也透過我的朋友們三不五時給她一點幫忙（如：零用錢），包含在畢業前夕，我請相關處室上個簽呈，從學校的急難救助金裡提撥1萬元拿給她（而急難救助金大部分就是我對外募款而來的……），我跟她說：「這1萬元的力量有限，要做為升學基金也好，要拿回家貼補家用也可以，這是學校能做得到的地方。如果之後還有需要幫忙的地方，再跟校長聯繫。」

後來，她確實也都有跟我保持聯繫，但之後再也沒有提過要幫忙的事情，我想或許是家裡的狀況有好轉，也有可能是她半工半讀吧！總之，我相信我不會看錯人，這個孩子只要好好地努力，以她體貼及善解人意的特質，我相信未來在社會上一定可以有一塊立足之地，在此也祝福她！

註：以上的LINE文字，真的是學生寫給我的，不是我叫人故意這樣寫的。

我在本書的一開始的〈兒時記趣〉那一篇文章中，就曾經提過我喜歡我小時候的那個年代（民國七十、八十年代），很大的原因應該是阿公阿嬤的關係，因為在小時候的世界裡，幾乎就是阿公阿嬤跟父母親，而我又是「金孫」等級的。轉眼間30年過去了，我覺得世界的變化快到難以想像，而臺灣社會也一樣。不是說現在不好，只是在多元價值的社會裡，國民也一定要有相對應的素質跟水準，否則多元的價值觀念就很容易被濫用，也導致有些社會大眾可能根本就搞不清楚自己每天在做什麼，因為心中的價值太紊亂了。我必須再次強調，我沒有任何的意識形態，但我們都屬於華人，而華人不是一向都是最注重「禮義」的嗎？姑且不論國家大事（因為我是三小咖不太懂國家大事……），就從我生活周遭的人事物來評斷，我真的覺得有些優良的價值傳統確實是不如30年前的社會。現在大家人手一支手機，價值觀念的傳播更迅速了，然而怎麼大部分聽到的事情都是網路詐騙，或者是傳播不良的價值觀念呢？我相信以我的工作角色而言，眼界不至於太低，而基本上我也是個不太會抗拒新事物的人，不過近10年來我確實看了太多因為心中沒有一把尺，導致判斷失準，或者是抱持著「一將功成萬骨枯」、「事不關己、己不操心」的心態來為人處世的人，結果搞到天怒人怨。

至於那一把尺究竟是什麼？我想這個答案應該不難吧？它不就是我們過去最引以為傲的「四維」（禮、義、廉、恥）、「八德」（忠孝、仁愛、信義、和平）嗎？生活在天龍國，經過忠孝東（西）路、仁愛路、信義路、和平東（西）路的時候，能夠想到這些道路為何要如此命名嗎？還是只記得仁愛路跟信義路是單行道而已？有友善的國家與社會，才會有友善的校園，桃源國中或許因為地理位置的關係，不在蛋黃區，也相對比較沒有諸多因素的干擾，但我依然願意相信，天龍國、全臺灣都有能力做到友善，人人都可以友善！因為，我們的傳統價值裡面就曾經有過這樣的基因，不要搞到最後，是醉心華人（東方）文化的「歪果人」都做到比我們好，到那個時候，臉就丟大了！就像我常常跟孩子們說的，如果你（妳）連一篇教育會考的作文都寫不到3級分或4級分，那，「歪果人」的中文可能都比你（妳）好，如此的話，情何以堪？

臺北市政府教育局頒發之友善校園獎狀

陸

我笑他人
看不穿

校長日常

站門口、巡堂、開會、喬事情、接受負面情緒、故作堅強、製造歡樂、高風險高耗損工作、跑攤、募款、其他……

有很多人都認為校長很忙，是的，確實是很忙；也有很多人覺得校長的薪水每個月應該至少有十幾萬，抱歉答錯了，沒有！（就算是最資深的校長，應該也頂多10萬左右吧……）。「教育的重點是價值（value），不是價格（price）」，是的，我可以認同，但是我也是人，我也要吃飯……。那，校長到底每天都在忙什麼？如果不置身其中，其實很難體會，但我試著用文字描述「校長的日常」看看。

一、 站校門口

　　有些校長沒有站校門口的習慣，但這卻是我每天最快樂、最無拘無束的時光。清晨6點多從住家出發，06：55開始在校門口站崗，迎接學生上學，大概站到07：40左右。看著學生一個一個地走進學校，微笑地跟他（她）們打招呼並關心他（她）們的狀況，學生們確實都能感受得到師長們的心意。其實我也可以睡飽一點，8點再來上班就好，但自從我擔任學務主任開始，站門口成了一種習慣，已滿10年（主任5年＋校長5年），我並不覺得有什麼損失的地方，反而認識了更多的孩子。有些人可能會認為要早起站門口是很困難的事情，其實，早點出門，交通路況良好，又可以跟保全大哥聊聊近況，展現親和力，並了解尖峰時段校門口附近的一些交通狀況或者是社區死角，我個人覺得一舉數得。有一次，學校有一位孩子因為家裡長輩的債務問題遭5位黑衣男子跟蹤，從住家附近一路尾隨至校門口，孩子進學校後，這5位仁兄竟然也想走進去，馬上被我攔截。

了解事情的原委之後，我跟這5位黑衣男子說「大人的事情不要影響到學生，請你們離開。」因為我那天也穿全身黑，所以畫面中總共出現6位黑衣男子在校門口談事情，現在回想起來還真有點爆笑，但是我確實能夠體會那位孩子恐懼的心理，因為我「1個對5個」其實也有一點壓力（雖然我之前也有過因為買便當跟陌生人格鬥的經驗……），但身為校長為了孩子的安全當然義不容辭。

二、巡堂

巡堂也是蠻有趣的一件事情，認真巡堂的話可以發現學校很多可能暫時不會影響師生安全與作息，但不宜長久拖延的事情，例如物品的修繕及維護。了解教師教學跟學生學習的情形也是擔任校長所必須的工作，有些在正式會議上不適合直接拿出來檯面上講的事情都可以利用巡堂這種「非正式的管道」去了解狀況。桃源國中校地廣大，樓梯很多（俗稱「奪命連環梯」），若全部走完一圈的差不多就要5,000步左右，煞是驚人。另外，我若是在學生下課時間去巡堂，還可以享受到偶像般的待遇，滿足自己的虛榮心。因為學生會非常熱情地跟我打

招呼，甚至只是一位同學在走廊上看到我出現了，竟然將80%的同學全部叫出來把我圍著問好，這時候就是跟學生們打成一片的最佳時機。若是我再年輕個10歲，也許全班學生都會出來走廊上將我圍起來了，年輕真好！總之，巡堂好處多多，跟站門口的道理差不多。

三、開會

學校的會議至少有二、三十種，我想我就不用特別舉例了。最常開會的時間就是中午，因為老師們沒有課務的問題。有些會議說穿了只是一個形式，但有些會議就必須嚴謹地看待，程序不能走錯。其實開會是非常燒腦的，我也很敬佩有些長官們很會主持會議，流程順暢，也不會議而不決。我比較不拘小節，但有些程序是無法免除的，也幸好學校老師們都會互相提醒跟體諒。開會是為了解決問題，而不是衍生出更多的問題，身為校長，基本的議事規則一定要了解，不然會發生很窘的事情。我曾經最高紀錄一天之內應該開了5、6個會有吧，然而這應該還不是最高的，我印象中那天很快就天黑了，回到辦公室已是精疲力竭，認真開會還真的是還蠻累的。

四、 喬事情

就如同之前所說，有些問題若是比較不適合在檯面上講，可能就需要邀集一些相關人士（如：教師會、家長會）關室密談了。這可能是一些意見或想法的不同所造成的比較難以做決定的情形。不過，我認為其實學校的事情都相對單純，只是人的情緒比較需要處理，有時候因為「校長」這個角色的關係，必須出來「喬」（或說「安撫」）一下，可能「宣示」的效果還大過於「實質」的效果，亦即表示校長也很重視這些問題。我個人覺得，若是撤除外力的干擾，或者是有人已經踩到紅線了，學校的事情其實都不難處理。而有些事情可能是必須在校外才能喬的，那就要看看所面對的狀況到底是如何了。這一塊說真的有時也頗為累人，因為要應付各方勢力，且大家通常都各持己見，忘了教育的主體其實是學生。

五、 接受負能量然後再「噴出」正能量

這幾乎佔我每天在做的事情的一半以上。如果每位進來校長室送公文的同仁跟我抱怨20分鐘，而一天假設有10位同仁來送公文，加起來就是200分鐘了。而有些同仁即便沒有抱怨，身為校長也要關心一下，所以實際上可

能不只200分鐘，因此擔任校長一定要做好時間管理，因為校長的時間頗為零碎，要能充分利用零碎的時間。同仁會抱怨一定有原因，身為校長最好是不要跟著一起抱怨，而是要試著引導同仁朝向問題解決的辦法，或者是盡量鼓勵同仁，也就是給予正能量。這難度可能有點高，因為我也只是血肉之軀而已，但還是要做好情緒控管，比同仁更有高度才行。我特別使用「噴出」兩字，是為了形容得更為傳神。

六、 故作堅強

這就跟「肝臟是沉默的器官一樣，即使已不堪負荷，它仍繼續工作。」講得好像校長是聖人或是超人一樣，然則實務上也有好幾位前輩校長因為公務繁忙而積勞成疾的案例。這就是我說的，社會上普遍給予校長這個角色頗高的期望，認為校長們總是無所不能，能夠解決所有問題。就我所知，有些校長就只是在苦撐而已，為了什麼？為了社會的期待或是教育的理想吧！我「目前」算是屬於比較年輕的校長，雖然一路也是吃著苦走過來，也蠻能撐的，不過在有過一些生離死別的經歷之後，我的心境有了一些轉變：若一所學校的校長掛了，馬上就會有其他校長來遴選；但若是一個家庭的父親（校長）

掛了，或是母親（校長）掛了，那就是永遠掛了，子女怎辦？會這樣說，不代表我就不會將學校的事情做好，只是，真的要量力而為，而且，不要故作堅強。

七、 散播歡樂散播愛

心情再怎麼不好，只要在學生前面，我一定是歡樂的泉源。很多學生喜歡聽我在朝會時間的分享，有點無厘頭卻又不失教育意義。一所學校的大家長，若是整天愁眉苦臉，老師和學生也一定感受得到。因此，校長就成了散播歡樂散播愛的象徵性人物，例如，現在幾乎每年的聖誕節都要扮成聖誕老公公的樣子來娛樂學生、給學生希望，我記得我小時候所遇過的校長都是西裝筆挺的，不然至少也有襯衫和領帶。自從我當了校長以後，除非學校有重要來賓或是像遇到校慶或畢業典禮這種大日子，不然我很少打領帶，幾乎都跟學生穿著差不多的排汗衫，這樣比較沒有距離。時空背景改變了，這方面也沒有誰對誰錯，只要合乎禮儀就好。

八、跑攤

除了上班時間所需處理的公務，下班之後或是假日的社區活動、宮廟慶典等，我能出席的一定會出席，目的當然是為了增加學校曝光的機會，讓社區家長們認同學校。曾經有宮廟的總幹事當著很多賓客的面前說，我是鄰近學校裡面跑地方活動跑得最勤快的校長，因此學校若需要什麼資源，（宮）廟方都會力挺到底。在我所服務的北投區，搞不好認識我的社區民眾比我自己所居住的松山區還多呢！其實跑攤或應酬也是蠻累人的一件事，而且幾乎都是非上班的時間，我想這也是臺灣社會的文化現象之一，地方性的活動總喜歡邀請校長出席，或許他（她）們覺得這樣子就是很給面子吧！如果可以幫學校或學生多爭取一些資源，我想我是非常樂意去做這些事情的。

九、募款

有些學校的校長可能不需要募款，因為家長會的力量及資源便足以支撐學校的運作及活動，但是有些學校資源比較缺乏，需要仰仗一些外部資源的挹注，如獅子會、扶輪社、基金會、公益協會、宮廟等，募來的資源可能

是物資，如白米或福箱，也有可能是一筆款項進入學校的帳戶，再轉換為購買軟硬體設備的經費，或者是學生的獎助學金，或是急難救助金等。學校需要支出的項目真的是五花八門，我覺得只要是可以直接讓學生受惠或受益的，要我欠人情去募款也可以。而近幾年來，我也確實募了不少款項和資源，添購學校的軟硬體設備，也幫助了一些經濟上比較弱勢的孩子，這是我個人覺得很有成就感的部分。

十、 其他

我看應該是寫不完了，總之學校的任何一個人、一花一草一木、一扇門窗……等，都跟校長有關。校長這個角色真的是一個「高風險」和「高耗損」的工作。何謂高風險？每天戰戰兢兢、如臨深淵、如履薄冰，三不五時身上就會中箭，必須承擔一些莫名其妙的抱怨。如果再遇到不好溝通的家長或是老師，其實內心都會是一種煎熬；何謂高耗損？校長真的是勞心又勞力的工作，因此要特別特別注重自己的身心靈健康。若我順利當到65歲退休，那足足

要當24年的校長（我41歲初任校長），有時候我都會懷疑這究竟有沒有可能？不過，時光荏苒，從107學年度上任以來，轉眼間也當了5年了，說真的我覺得自己適應得還算可以，而且也越來越懂得各種場合的應對進退，眼界也提升許多，是以前當主任或組長時所沒有經歷過的。我並不眷戀「校長」這個職位，我的心態很簡單，就是我對教育所做的事情，如果經得起社會大眾或是老師、家長及學生的認可，有機會我就繼續做；若是我所做的並不符合大家的需求，或者是有其他不足的地方，我也可以回任教師，不是非當校長不可，亦即，我「無所求」。

我不是資深的校長，對於「校長的日常」也僅能做以上的描述，歡迎諸位前輩校長不吝給予指導。在寫這些稿件的時候，正值溽暑期間，許多老師跟同仁都好好地利用假期出國或休假了，我則是幾乎天天留守在學校，我想，這更足以代表「校長的日常」吧！

公共關係

社區鄰里活動及地方仕紳耆老關係之經營、學校內外部資源整合

學校公共關係的經營對於學校的風評也有很重要的影響，尤其在少子女化的年代，與社區及地方的關係更要留意，因為可以影響到招生。是的，沒錯，公立學校也是需要招生的，尤其是在這個「什麼事情都有可能發生」的時代。桃源國中的地理位置剛好介於兩個捷運站之間（復興崗站900公尺及忠義站700公尺），說真的以位置而言真的比較吃虧，如果像一些學校，捷運站的出口就是學校校門口附近的話，相信會經營得相對輕鬆一點。但也因為如此，關

渡及北投地區的社區活動都會邀約學校校長參加。桃源國中周圍是一個帶狀社區，說真的本來人口數就有限，再加上地處臺北市比較邊陲的區域，部分比例的孩子們比較弱勢，也就是說，相形之下更需要學校外部資源的挹注。

過去5年，我的做法就是利用下班後或者是假日時間，積極參與社區鄰里的大小型活動，如中秋晚會（我會提供摸彩獎品）、元宵晚會（我也會提供摸彩獎品）、鬧熱關渡節、溫博館館慶、湯守觀音祭、關渡自然公園藝術季、新北投車站相關活動、扶輪社社慶、獅子會聚餐……等，真的很多，我曾經創下連續35天（包含假日），每天都往北投區跑的紀錄，為的就是參加活動，讓學校曝光，經營良好的公共關係（這部分也沒有獎狀，只有加油的帳單跟交通罰單一直增加……哈）。再者，逢年過節，針對非常照顧學校孩子們的社會人士，我都會送禮，這份禮不是代表我個人，而是代表全校的教職員工生，當然，費用一定是

由我支付。費用的來源？前面的篇幅已有略提，每月6,000元的公共關係費根本不敷使用，所以很多時候我都是自己貼錢，不就幸好我還有在大學端兼課，有一點微薄的鐘點費可以支應。有一年的中秋節，我就買了將近2萬元的北投加賀屋月餅禮盒致贈外賓，區區6,000元是能做什麼？在民生社區的餐廳，6,000元連辦一桌宴客都不夠呢！

以上是從「學校外部」的觀點來看，若是以「學校內部」而言，也可以細分成幾種群體：教師會、教師社群、職員工（公務人員）社群、家長會、家長社群、學生社群……等，然而對內我一定不會去強調這些差異，因為大家都是學校的一份子。舉例，對外致贈盆栽或花籃，我一定是以「校長」、「教師會長」及「家長會長」三個人的名義一起送出，但費用是我支付，我不會去斤斤計較這些細節，而對外也可以給別人校內一致的觀感。針對以上各種不同的社群，我也會有不同的應對方式，這部分很難訴諸文字，但這卻是必要的，因為每種社群的文化是不一樣的。舉例，

公務人員在學校裡面可能是屬於比較沒有聲音的一個群體，所做的事情主要就是支援老師們的教學活動。我知道有幾位同仁都很優秀，做事態度都很積極，我的做法就是偶爾會買一些全臺各地的名產分享給他（她）們，鼓舞他（她）們的士氣。講直白一點，公務人員對於校長遴選是比較沒有影響力的，但我不會因此就大小眼，優秀認真的同仁一樣要鼓勵，反正我絕對不會是「一將功成萬骨枯」那種類型的領導者。

此外，有些社區的仕紳耆老及善心人士，見過大風大浪，本身也都是性情中人，他（她）們只要認同學校或是校長的教育理念，都會慷慨解囊，幫助有需要的孩子。也許平常從穿著或者是外觀上看不出他（她）們是VIP（Very Important Person），但所謂「人不可貌相，海水不可斗量」就是這個道理。以下，即針對幾位（個）對於學校孩子有特別幫助的個人或是團體，以表格（表1）的形式整理出來，由於善心人士（團體）眾多，若是不在表格裡面的，不代表桃源國中或是我個人不感激您們，而是真的太多無法一一列舉，這部分敬請見諒。

表1 協助桃源國中孩子的善心人士（團體）一覽表

（數目眾多只能列舉）

外部資源 （個人、團體）	資源挹注情形	備註
臺北市合江 扶輪社	挹注本校圖書館每年15種以上的期刊，提升孩子閱讀能力	李素伶社長
臺北市草山 扶輪社	挹注本校搖滾樂團經費、特教孩子經費及部分軟硬體設備	湯淑湄社長
臺北市天母 扶輪社	挹注本校孩子獎助學金	陳柏良社長
臺北市關渡 扶輪社	挹注本校孩子獎助學金	藍玉琪社長
天美慈善 基金會	挹注本校搖滾樂團經費、獎助學金及孩子出國補助經費	蔡秀娟董事長
陳安文教 基金會	挹注本校弱勢家庭經費及協助學生家庭訪問工作	陳政忠董事長
臺北市七星 獅子會	挹注本校品德教育書籍經費及學生心得寫作獎學金	林杏兒前會長 黃富寬會長
華夏社會 公益協會	協助本校學生家庭訪問、提供孩子免費早餐、福箱贈送	王如玄理事長 林奕華前理事長

外部資源 （個人、團體）	資源挹注情形	備註
關渡宮	挹注本校觸控電視等硬體設備經費、校慶畢典經費及簿本費	陳玉坤董事長 陳進雄總幹事 （前一德里里長）
關渡玉女宮	挹注本校校慶及畢業典禮經費	陳秀主委
台灣藝起公益協會	挹注本校本土語言教學經費、協助本校弱勢孩子	林冠宏前理事長 盛舒君理事長
台北海洋科技大學	社團課程支援、組裝式游泳池借用、技職教育體驗	林世宗董事長 林俊彥校長
臺北城市科技大學	社團課程支援、技職教育體驗	鄭逢時董事長 馮美瑜校長
和碩科技股份有限公司	挹注弱勢孩子晚餐，以餐盒的形式置於警衛室，孩子放學再去帶回家	上市公司
金星建設文化藝術基金會	挹注本校孩子獎助學金及偶劇團相關經費	仁愛國中 林美娟退休校長（聘督）
北投區公所	「北投送暖」一對一家教課程	于保雲退休區長 吳重信區長
宋全娟女士	幫助本校弱勢家庭孩子	國中聯榮譽總會長
莊孟峯先生	幫助本校弱勢家庭孩子	國中聯榮譽總會長

外部資源 （個人、團體）	資源挹注情形	備註
陳雪利女士	每年至少20萬元捐款，用在各種所需用途（軟硬體、急難救助、獎助學金），長達15年以上	桃源國中大貴人 桃源國中大貴人 桃源國中大貴人
高美玉女士	幫助本校弱勢家庭孩子	前合江扶輪社社長
鄭志仁先生	幫助本校弱勢家庭孩子	南山人壽處經理 也是我的棒球隊友
羅華冠女士	挹注本校搖滾樂團經費	學校老師之友人

在我的工作內容裡面，有一大部分的成就感是，除了看到孩子們的蛻變以外，另外就是外部的資源、團體或善心人士認同學校或是我的教育理念而願意幫助學校的事情了，這部分真的是令人鼓舞的一件事情。有時候，當外部資源要挹注進來，但是學校同仁必須多做一些份外的事情，或者是可能會影響到部分教師的教學，這些我都能了解，但我都是站在鼓勵及幫助孩子們的立場，同仁們其實也就不會有太多的抱怨。有一個例子是在學校真實發生過的案

例，雖然問題不大，但事後我仍舊做了檢討，然後我承擔所有責任，敘述如下：某扶輪社貴賓們於聖誕節前夕想要前來學校與孩子同樂並發送禮物，當時因為諸多場地都在使用中（撞到），最後選擇了桃源國中的風雨操場，它比較靠近行政辦公室及教學區。結果我當天臨時被交付一個國文輔導團的任務，必須前往建成國中演講，因此我接待完貴賓們後就暫時離開學校了。由於貴賓們與孩子們的氣氛歡愉，致使交流互動的音量過大，干擾到幾位師長們的教學，當下我在校外看到行政群組裡面的LINE訊息時，馬上請組長幫我轉達老師們「是校長的疏忽，沒有想到會影響到老師們的教學，非常抱歉！」之後在學校的大型會議，我講過至少兩次以上事情的來龍去脈（大家這麼辛苦也是為了讓孩子們能有更多的資源及更寬廣的視野……），表示之後若有類似的活動，會做好處室之間的橫向溝通並喬出一個適合的場地，避免影響教學。而桃源國中畢竟是友善校園，師長們事後也沒有再提起什麼。這件事情其實也沒有很嚴重，但我第一時間就說是我的疏忽，我覺得這就是勇於承擔的作為，當然老師們也不會刻意要找麻煩，因為確實有影響到教學。

我覺得，學校公共關係的經營，有一個字是關鍵，就是「勤」。很多社區鄰里的活動都是需要用到下班後或者是假日的時間，身為校長就不要計較為何都必須犧牲自己的時間了，如果要計較，應該就無法接受這份工作了。如果我沒有記錯，我已經連續3年還是4年沒有請過個人「休假」了，有的話頂多也只有請1天而已，因為大部分都是「補休」，休假即便有30天，我應該也只有用過1～2天吧！現在的年輕人幾乎都有一個想法，就是「一定要把休假請完，不然會很虧」，我想這是合理的，也是教師兼行政的權益，然而像我這樣幾乎都沒有請的，應該算是最笨的人了，不過我倒是覺得很有成就感，因為我沒有浪費時間在做一些543的事情，我幾乎都是為了學校孩子們的事情在奔走。有時候，表面上看起來是漫無目的的聚餐或是例行性的應酬，我卻常常能夠從這些邀約裡面取得學校需要的資源，可能我在這方面有點「天分」吧！哈，有這種「天分」也不知道是好還是不好？

學校公共關係經營的關鍵人物絕對是「校長」，而厲害的校長可能也可以訓練整個行政團隊都成為公共關係經營的「利器」。我承認就這一點我還有需要學習的空間，因此人脈的多寡就會成為其中的關鍵因素。我也是在擔任校長之後，人脈才暴增的，這中間的歷程當然可以感受到一些人情冷暖的地方，我想我就不用多提，有些人是會看你（妳）的身分才決定要不要遞名片的，或者是，拿了你（妳）的名片之後不到5分鐘就隨手一扔了……。這些歷程就如同阿公跟我說過的一句話：「**好歹攏底咱心肝內。**」這句話其實蘊藏了很大的學問啊，我也漸漸地悟出箇中道理。總之，過去這十幾年來我也不是白混的，更不是被嚇大的，但去想那麼多不重要的人事物根本就是浪費時間，名片被扔了也沒關係，再印不就有了？而且若因此可以徹底看清一個人，其實也沒有什麼損失啊！持續努力！

另外，特別一提，北投區公所在桃源國中實施了「北投送暖一對一家教」專案，這也是讓我感到非常感動的地方。話說區公所每次的「強迫入學委員會議」及「擴大區務會議」，我幾乎都是親自參加，不管學校當下有沒有中輟生或者是需要區公所幫忙的地方。也許是這樣，之前的區長于保雲長官對我的印象應該是不錯，因此他透過私人的人脈去募得相關的資源，邀請國防大學及陽明交通大學的學生，於每週四傍晚到本校進行一對一的家教課程（以英文、數學為主），已實施了一年半之久，本校共計有近10位孩子受惠。于區長於今（112）年1月榮退，接棒的吳重信區長也一樣秉持著幫助孩子的理念，讓這份大愛維繫下去，目前都持續地在進行中。這當中還有一位關鍵人物就是副區長周明怡長官，常常在區長公務繁忙之際蒞臨桃源國中關心孩子們的狀況，令人感動！一般來說，大學生的

家教行情1小時大概800元左右，若是我以前服務學校的正式老師我聽說還有收到1小時1,200元的，這對於經濟弱勢的家庭來說根本是不可能的事情，然而區公所的長官們卻幫桃源國中量身訂做了此一專案，我個人真的非常感激。幾位大學生們雖然只有微薄的車馬費及一份晚餐，但是他（她）們認真的教學也贏得了孩子們得敬重，有幾位9年級的孩子在教育會考之後還說想要繼續上課到畢業為止呢！所以，公共關係的經營良善，確實可以幫學校引進合適的資源，讓學生們確實地得到需要的幫助。

維護肝臟

形形色色的應酬（酒場）文化、定期健康檢查

「愛肝、愛肝、一罐20塊。保護肝臟，消除疲勞。
增強體力，精神好。
你愛、我愛、他也愛。保護肝臟喝愛肝，消除疲勞
喝愛肝，愛肝口服液。」

這一首小時候耳熟能詳、家喻戶曉，又「俗擱有力」的廣告歌詞，常常在中午或晚上的熱門時段播出，那時候完全不知道到底為什麼要「愛肝」，直到經過服兵役及職場的淬鍊及洗禮之後，我總算了解肝臟的重要性（肝若好，人生就是彩色的；反之，就是黑白的）。教育圈也要應酬嗎？當然要，因為這是華人文化的一部分，跟從事什麼行業比較沒有直接的關係。而臺灣更是將此種文化發揚光大，動不動就要先罰三杯（當你【妳】遲到或需要拜碼頭的時候），或者為了要表示誠意，就要乾杯。我在此必須要先聲明，我其實一點也不喜歡喝酒，但我也不是所謂不食人間煙火的人，只要場合有需要，我也不會掃大家的興，是最配合的超級好咖。雖然不常喝醉，但最重要的是我酒品很好，喝醉了頂多回家睡覺，或趴在馬桶吐一吐而已，絕對不會「厚話」、「借酒裝瘋」，或是吵著要「續攤」，更不會在KTV打架（真是丟臉）……。本篇雖然名為〈維護肝臟〉，實則任何身體的器官及功能都是重

要的，當然，真正的健康是「身、心、靈」都一樣健康。實務上我見過部分的友人因為菸、檳榔、酒過度而導致身體出狀況，也有的是壓力過大以致於心靈有所創傷，我覺得都是非常令人遺憾的事情。

先談談應酬文化好了，「菸酒」還真的對很多人都有吸引力，有時候透過一根菸的遞出或是一杯酒的乾掉就會成為好朋友，這確實是如此，有一種「不打不相識」或是「惺惺相惜」的感覺，這就是文化。但我還是必須強調，菸酒過度對身體絕對有害，然而有些人也會戲稱「不菸不酒就會傷心」，哈哈，大家說得都非常有道理啊！服兵役的初期，由於沉浸在「失怙」的傷痛中（沉浸式體驗與學習），因此一有休假就會去臺南著名的老拓（pioneer）音樂餐廳聽歌跟小酌，我最喜歡喝龍舌蘭（Tequila）加冰塊跟檸檬汁，曾經一個晚上自己一個人坐在吧檯的位子喝掉一整瓶（酒精濃度40%，700ml），後來想再開第2瓶時，bartender說我喝太多了，不賣給我，其實並我沒有醉，只是心情不好（不喝還真的會傷心），但還是謝謝當年那位吧檯的妹妹（還是姊姊？）。也有一次，在別的酒吧

跟幾位朋友喝到在路邊吐，製造臺南市市容的髒亂真的非常不好意思！以上，都是年輕時的事情，現在我幾乎不會再有以上的狀況，倒不是我的酒量變好了，而是已經體悟酒精只是暫時麻痺自己而已，實際上是解決不了問題的。

擔任校長工作，要參加的飯局還真的蠻多的，有些閱歷豐富兼非常養生的校長們都會以開車為理由婉拒喝酒，這當然沒錯，絕對不能酒駕。而我則是看狀況，如果飯局的發起人（主人家）有喝酒的習慣，或者是對我所服務的學校還不錯，又或者是跟我有點私交的話，我都會盡量配合讓賓主盡歡，例如下班後我會先將車子開回停車場停好再赴約，或者就直接搭計程車赴約。我是覺得，若主人熱情款待，而整桌都沒有人要陪伴的話，會是蠻失禮的一件事情，所以我都會事先做一下功課再決定後續要怎麼因應，至少我是這樣想的，算是蠻顧全大局的想法。否則，連吃個飯都要做功課，會不會太痛苦了？不過，話說回來，以臺灣社會的文化而言，其實很多事情都是在飯桌上決定的，不是嗎？

再來談談酒品好了，我自認我的「酒品」是非常好的，就跟「牌品」一樣好（哈哈，這到底是有什麼好說嘴的？）有人幾杯黃湯下肚，就開始「厚話」了，還會稱兄道弟，講得驚天地泣鬼神，結果隔天記憶是全部斷片的。實務上我曾經遇過一個厚話的人，一直說他想加入我在民生社區參加的棒球隊，整個晚上就一直講、一直講，我念在這位施主（大德）這麼有誠意，隔天我馬上聯繫球隊的教練說球隊有生力軍要加入了，結果教練聯繫這位施主（大德）的結果，他一概否認，說他對棒球一點興趣也沒有，讓我覺得對教練非常不好意思，從此我就將這位施主（大德）打X了。還有一個案例，是在一個很多有頭有臉的人聚餐的場合，我坐在自己的位子，邊用餐邊靜靜地觀察人生百態，結果突然冒出一位仁兄（一手拿酒瓶、一手拿酒杯，臉色泛紅……），說他聽過我的名字，誇讚我將學校經營得不錯，希望我能給他一張名片，我見這第2位施主（大德）也是如此有誠意，便恭敬地用雙手將自己的名片遞給他，請他多多指教。這位施主（大德）看了約3秒，跟我乾了一杯就跑到別桌去繼續敬酒了。後來，我因為有認識的人也坐那一桌，便過去打個招呼，結果就看到我的名片被放在

桌上，有一半的面積已經被紅酒給弄濕（玷汙）了，所以就是第2位施主（大德）將我的名片丟在那裡的。很好笑吧？阿不是非常仰慕我？結果都是虛情假意，還是我太認真？就一笑置之吧！

我若喝得有點茫茫然了，就會開始踩剎車，即便真的醉了，若還不能離席的話，我也只會靜靜地再繼續聽大家講一些543的，然後跟大家微笑以對，絕不會厚話，也不會哭鬧。接下來，有必要補充一下牌品的部分，年輕時喜歡打麻將，無論輸贏我的心情都算是相對平靜的，然而有些牌友放槍個一兩次就會開始不耐煩，摸牌、捨牌都很大聲，還伴隨著一些髒話，或是說今晚統統不准走……。各位施主（大德），打牌本是娛樂消遣，輸贏也才幾千幾百塊，打得那麼痛苦是在幹嘛？牌桌就跟飯桌一樣，可以看盡人生百態，如今我應該也有15年左右沒有打過麻將了，雖然當年牌桌上的趣事也蠻多的，但那段年少輕狂的歲月已經消逝了，未來只有責任越來越重的日子等著我。牌桌、飯桌、書桌跟辦公桌，我覺得目前還是書桌跟辦公桌比較適合現階段的我，這段趕稿要讓這本書順利付梓的日子，我還真的感觸良多。

既然擔任校長的工作極為繁重、責任也重，因此定期的健康檢查是絕對必要的，這也是現代人健康概念的重要一環。拜臺北市政府的德政所賜，校長每年可以獲得新臺幣16,000元的健康檢查經費補助。我已經連續做了3年的健檢，結果第4年竟然說我未滿50歲所以沒有補助，後來證實是烏龍一場（訊息傳遞錯誤，人為疏失），但去（111）年我確實就沒有去做檢查了。前3次我都選擇不一樣的健檢套餐，計有癌篩、心血管、腦血管等套組，都有過關，但因體重比較重，導致我的BMI指數都會超標是事實。經過精密的儀器檢測，醫護人員跟我說，我身上有70%是肌肉（可能是長年打棒球的原因），所以要減重是比一般人困難的；也有朋友跟我說可能是骨頭比較重的因素，骨頭比較重是有什麼好處嗎？會不會是將來長眠以後，火化的時間需要比較久呢？總之，我覺得現代的醫學如此進步，相信專業的醫護人員當然是必要的，不過，很多時候常常因為太忙碌的關係，導致飲食不正常、水又喝得不足量，縱使健檢的數據上並沒有太難看，但其實是一種很不健康的生活形式，也沒有品質。時間一久，就會習以為常，也很難改變……。像我除了打棒球，幾乎沒有其他運動的習慣（充其量只能說是「勞動」），然而打棒球雖然運動量也

很大，但畢竟不是有氧運動，而且身形會越打越魁梧（壯碩），看起來就像劉德華的電影《大隻佬》裡面的主角一樣，表面效度是很好，但我還是覺得接下來有機會的話一定要改變一下生活型態，才符合真正健康的概念。除了棒球，我比較能夠接受的運動就是游泳，看來未來可能要漸漸地轉換一下跑道了。

愛肝、康貝特、蠻牛、RED BULL（給你【妳】一對翅膀）……等，這些所謂的機能性飲料，我曾經有喝過幾次，但是好像都無感，我想這應該是我個人的因素。我曾經在晚上10點左右喝了700ml的美式咖啡，然後不到11點我還是睡著了，因此，如果是累到一個「極致」的話，我看喝什麼都沒有用吧！電影《搶救雷恩大兵》裡面有一句經典台詞：「**倒頭就睡的秘訣，就是努力讓自己不睡。**」我覺得形容得很好，但我不會努力讓自己不睡，那是電影中軍事場景所需要的情節，現實生活中我沒有這個必要，從年輕到現在我從來就沒有熬夜讀過書，但是有熬夜打過麻將，所以，當年如果少打些麻將，也許今日就不會只是一個三小咖。前面的篇幅曾有提及，健康是自己的，哪一天臥病在床了，會陪伴在你（妳）身邊的，90%一定是家

人，不然就是花錢請來的看護人員。因此，我還是要強調，校長既然有那麼大的責任跟社會期望，更有必要把自己的身心靈都照顧好，因為「校長」的角色都可以隨時被取代，但「父親」或「母親」的角色卻無法，如何在工作、家庭與健康之間取得平衡，我想這已是老生常談，不用我多說。

除了愛肝，也要愛腎、愛肺、愛腦……，身體的所有器官就如同學校的各個處室是一樣的道理，我以前擔任教學組長時，會很自豪地認為全校的業務我至少包了50%，擔任主任時也偶爾會有這種比較本位的想法。然而後來擔任校長之後，明確地感受到任何處室和單位都一樣重要，因為只要少掉其中任何一樣，學校的運轉都會出狀況，未來是團隊作戰的時代，不能只是叫厲害或認真的人一直做，就如同身體也不能只是靠肝臟一直解毒一樣，盡量避免勞逸不均。至於這些應酬文化，除了「入境隨俗」（Do as the Romans do.），就盡量讓自己保持頭腦清醒跟維持健康吧！

柒

燈火闌珊處

感恩天龍國

北漂日常、從「少不經事」變成「豁達」（還是「世故」？）

臺北，最近幾年有了「天龍國」的別名，這可能有點戲謔跟諷刺的成分在裡面。我從18歲北漂，到如今接近47歲，待在天龍國的時間已經遠超過待在自己的故鄉臺南的時間，將近30年的光陰倏忽即逝。而我，也從「金孫」跟臺南一中時期的「天之驕子」轉變成今日天龍國裡面的「三小咖」（small potato）。身分證後面的戶籍，也早在2005年由「臺南市的中西區」改成「臺北市的松山區」，迄今也已18年。我是感恩天龍國的，因為這個臺灣的首善之

都帶給我諸多愉快的經驗與成長，當然，也伴隨著挫折與妥協。人生就是如此，沒有絕對的好壞，有捨也必有得，茫茫人海中，每個人都是為了自己的理想和目標在奮鬥，有些人就只是過客，有些人卻會「鬥陣」一輩子。年近半百，對於人與人之間的緣份的體會愈來越深。

我在天龍國特別喜歡去的幾個地方：

一、 龍山寺

龍山寺是我當年高中畢業時，北上報考中央警官學校（今為警察大學）所最先接觸的廟宇，母親帶著我住在康定路上的麒麟大飯店（在幾年前已歇業），當時真的對臺北感到非常好奇，心想有機會一定要來好好見識一番。考前一天晚上我還去華西街大開眼界，當時還有在殺蛇。我覺得萬華區的部分街道看起來真的很像故鄉臺南的場景，雖然現在居住在松山區，但我常

常會利用週末假日的早上去龍山寺拜拜祈福，順便也買些當地的小吃，還有青草巷的青草茶。有時候會遇到寺裡面剛好有誦經儀式，我就會坐在這些信眾們的旁邊，寫寫臉書，讓心情沉澱一下。對面的艋舺公園，聚集了諸多街友與弱勢族群，我感觸很深，深深覺得這部分政府相關單位應予以協助。我想的絕非是市容的問題，而是這些弱勢族群的「食衣住行」，也就是跟生活直接相關的事情。我可能把事情想得過於簡單，不過如果我有一定的權力或是資源，我一定會想辦法讓他（她）們不要再居無定所。附帶一提，臺北車站的東、南、西、北四個方位的廣場空間也都有街友睡在那裏，用疊平的紙箱當作床鋪及保暖的材料，看了也令人鼻酸。我相信我看得到，有關單位的長官們也看得到，難道真的沒有解決的辦法嗎？如，將這些街友們集合起來，找一塊公有地，先搭建一些簡易的組合屋，讓他（她）們先有居住的地方，再輔導就業，建立他（她）們的「尊嚴」，這樣有可能嗎？人一旦沒有了尊嚴，就什麼事也不在乎了；什麼事都不在乎的

話，犯罪或者是不好的事情的發生率就會增加了。
我也許把事情想得太簡單了，但如果給我一筆錢或
是足夠的資源，我會試著去做做看。不試一下，怎
知不可能？（註：我「完全沒有」歧視街友的意
思，反而我還覺得我一個三小咖幫不了什麼忙，覺
得自己很沒用呢！）

二、 大稻埕

也是一個傳統老街的概念，跟臺南也很像。第一次
在迪化街看到年貨大街時，嘖嘖稱奇，是非常具有
年味、充滿希望的一個地方。除了年貨大街跟蔘藥
行，近年來也有諸多文創業者進駐迪化街，結合了
臺灣的元素設計一些有趣的商品，也是一項特點。
著名的店家如滋養和菓子、李亭香、江記華隆、波
麗露西餐廳等，都是在傳統中帶有那麼一些轉型及
文創的味道，可以引人遐想。還有香火鼎盛的霞海
城隍廟，也是人潮聚集的所在。每次去大稻埕，總
得花上一整個下午的時間在尋寶，煞是有趣。

三、 重慶南路書店跟省城隍廟

當年重慶南路上書店林立，窮學生最喜歡逛書店，除了增加文青氣息，也可以免費吹冷氣。曾幾何時，拜科技進步所賜，實體書店的經營越來越困難，因此一家接著一家歇業，取而代之的是許多背包客的行旅，令人不勝唏噓，不過這也象徵了時代的更迭會影響產業的變化，畢竟生意人的嗅覺是非常靈敏的。省城隍廟也是我很喜歡去的廟宇，裡面除了城隍爺跟城隍夫人，也有觀音佛祖、濟公、文昌帝君、土地公等神明，在都會叢林中能有一個香煙裊裊的地方，信眾虔誠祝禱著心中的願望，我覺得那一幕是非常吸引人的，表示在忙碌的現代社會中，除了物質的滿足，身心靈的安穩與寧靜一樣重要。對面還有明星咖啡館，俄羅斯軟糖從一包一百多元漲到現在的兩百多元，剛來臺北時根本就捨不得買，現在經濟狀況雖然也沒有好到哪裡去，但買給家人或朋友分享對我來說至少不是一件難事。

四、 南京西路商圈跟中山北路一帶

這裡有新光三越跟誠品書店（早期是衣蝶），可以滿足諸多購物上的需求。鄰近巷弄內也有許多咖啡店跟甜點店，雖然我不是咖啡或甜點魔人，但偶爾在都會區裡稍微喘息一下，會有一種紓壓跟療癒的感覺，不過，我絕對不會「假掰」到帶著原文書到咖啡店去看就是了，然後怎麼看就都是同一頁，哈！中山北路部分路段，會有異國風情，逛起來也是蠻舒服的，大概是在民族西路到南京西路之間的路段，因為再走下去，就會走到士林夜市跟天母（天母也是異國風情很濃厚的一個區域）了。

五、 西門町美觀園

18歲時，第一次來到西門町的美觀園用餐，是當年阿公的好友（也是榻榻米師傅）黃伯伯帶我來的。那時我剛剛來到臺北念書，阿伯除了帶我在臺北市的各大景點認識一下，印象最深刻的是還帶我去外雙溪的溪邊泡腳，跟我說如果將來有女朋友也可以帶她來，可是後來我根本已經忘了那個泡腳的地方

到底是在哪裡；打棒球打到身上有運動傷害，阿伯也帶我到饒河街附近著名的國術館治療，他每次都騎機車來政大後門載我，其實以上幾個地方都離木柵都有一段距離呢，天龍國可不是像臺南市區小小的而已。阿伯自己也有兒子，為何也對我那麼好？我想這絕對是因為他跟阿公的交情匪淺所致。走過那個艱困年代的長輩們，都非常重情重義，我深切地感受到阿公與阿伯的情誼。後來，隨著我對於天龍國越來越熟悉，就逐漸地不用再依靠阿伯帶我去大開眼界，也逐漸地跟阿伯失去聯繫了。直到兩年半前，阿公走了，我猛然想起這位將近30年前非常照顧我的阿伯，跟弟弟詢問阿伯的電話，後來終於取得聯繫，阿伯年紀也大了，不過偶爾還是會在永和及三重的店家縫製榻榻米，就看店家老闆有沒有工作分派給他。美觀園、外雙溪都是美好的回憶，我羨慕阿公跟阿伯的情誼，也感慨近20年來臺灣社會民情及氛圍的變化。那一代的長輩們不是凋零了就是已經老了，接棒的我們，是否能夠持續地維持那種那麼濃厚的人情味呢？說真的，我心中是存在著問號的。誠摯希望阿伯身體健康，之後找個時間，換我請您去吃美觀園；但是外雙溪那個泡腳的地方，我真的已經忘記在哪裡了。

我看就舉5個例子就好，不然再寫下去就會變成旅遊書了。其實我喜歡去的地方大致也就是如此，常常就是幾個地方巡迴跑，因為我每隔一段時間就要有一種儀式感，如到廟宇祈福，這也是北漂的日常。其他的日常呢？每天的三餐當然要自己處理，因為再也不像小時候有阿公阿嬤及父母親會幫你（妳）料理一切。遇到不爽的人事物也要學會自己調適，不要每次都像個媽寶一樣打電話回臺南哭訴或抱怨，因為當初也是自己選擇要北漂的。機車壞了自己牽去修理，汽車要保養也是，馬桶壞了也是……，還有日常生活中大大小小的瑣事都一樣，既然已經在天龍國定居，就依循著天龍國的模式及風土民情處理就是了。總之，我再次強調，我是非常感恩天龍國的，因為在天龍國的歷練讓我變成一個不會被輕易擊倒的人，回到故鄉臺南，親友們幾乎都對我讚譽有加，但其實我覺得也沒什麼了不起的，因為我能夠做的事情其實還是非常有限。以下篇幅，除了之前職場上所要感謝的人以外，我還想要特別感謝一下跟職場沒有直接關係的人：

一、 當然是我的阿公、阿嬤

阿公是榻榻米「國寶級」的人物，感謝您用盡心力對我的疼愛，雖然知道騎跑車比較危險，您仍舊在高中畢業後買給我一部山葉的FZR，讓我在大學同學面前可以拉風一下，滿足了我的虛榮心。阿嬤則是臺灣標準的傳統婦女，即便已經90歲了還堅持每天要開門做生意，守護著住了一輩子的臺南老家，縱使阿公已經不在了，您還是在等著阿公出現。感謝我的阿公阿嬤，希望下輩子能夠繼續當您們的「金孫」！

二、 我的父親與母親

父親在我25歲時就走了，我知道我跟您的情感有點矛盾，無論別人如何地看不起您，過去這二十幾年我心中一直有個強烈的想法，就是我要讓這些人「跌破眼鏡」，我不知道以我目前的狀態是否已算達成目標，但我會持續努力，讓他（她）們去多多照顧眼鏡行的生意。我的母親也是一位堅強的女性，如今71歲了仍舊在工作，因為她跟我一樣是個閒不下來的人。謝謝媽媽體諒我在天

龍國的開銷很大，又常常需要「做功德」，到目前為止都不用讓我擔心經濟跟扶養的問題，因為您會自食其力。也謝謝您從小到大幾乎沒有一件事情是不支持我的，縱使我有的時候真的會鑽牛角尖。

三、 我的岳父與岳母

感謝您們在當年我還沒有穩定工作的時候願意將掌上明珠、千金女兒嫁給我，並常常幫我們補充營養（吃免錢飯跟水果），還有當我在工作上最忙碌的時候（候用主任儲訓、初任主任、博士論文趕稿、候用校長儲訓、初任校長）幫我照顧可愛的女兒，我想這也是她跟您們感情很好的原因。由衷感謝！

四、 我的妻女

感謝我的太太比幫我出書的商鼎數位出版還大膽（神勇），當年選擇了才剛碩士畢業、尚未站穩腳步的我。這十幾年來縱使偶有爭執，在彼此身心狀況不佳時總能互相扶持，渡過難關，並且

常常幫我在工作上出點子，我太太的頭腦比我至少好10倍以上，因為我吵架沒有一次吵贏她的……。現在工作雖然相對穩定，但還是屬於非常忙碌的階段，希望未來也能夠一起面對人生的挫折與難題。還有跟我同為射手座的女兒，農曆生日還同一天。無論工作再怎麼疲累，妳都是我心中的最愛，也只有妳才能看到我嘴巴開開的倒在沙發打呼，以及應酬之後抱著馬桶嘔吐的種種醜態，結果妳竟然還拿手機拍起來，真是調皮，鬼靈精的模樣跟我小時候差不多。

五、 我的弟弟、妹妹、妹婿跟外甥（女）

我18歲就離鄉了，跟你（妳）們的緣份比較淺，會把我們兜在一起的原因大部分就是阿公和阿嬤的關係。感謝你（妳）們長年陪伴在阿公阿嬤身旁，讓我在天龍國能夠專心地為「讓某些人跌破眼鏡」而奮鬥。現在大家各自都有自己的事業，我希望這份血濃於水的情感能夠繼續維持，才不

枉費阿公阿嬤給予我們的身教跟言教。也謝謝在
阿公生命的最後半年有你（妳）們的照顧與陪
伴，祂現在沒有病痛了，一定感到非常欣慰。我
只要可以撥出時間，也一定會盡量返鄉看看每天
守著老家店面的阿嬤。

本篇接近尾聲了，臺灣就這麼一點大，說真的有過
天龍國的歷練也不是什麼了不起的事情，更何況一
些出國比賽或留學的人，視野可能更為寬廣。我對
出國念書雖然也曾有過憧憬，但我當年沒有選擇
這樣做的原因，純粹是我不想離開阿公、阿嬤跟家
人，因為人在國外的話，家裡若有一些突發狀況可
能會造成無法彌補的遺憾。不然，出國留學的費
用，阿公一定又會贊助我一筆的，這是絕對可以預
期的事情。

感恩天龍國、感恩我所在乎的所有人事物！

陳木金教授及家人參加我的就任交接典禮

家人在我辦公室合影

02

好想中樂透

有買有希望、以小博大、學生需要幫忙就可以不求於人

周星馳電影《少林足球》：「我身為一個汽車維修員，有個鎚子在身邊也很合邏輯。」那麼，我身為一個校長，如果「每週都去買公益彩券（樂透）」，是不是也很合邏輯呢？

是的，我每週都會買公益彩券，而且一次都會買足一週的量，總共新台幣750元（包含今彩539六期300元、威力彩兩期200元、大樂透兩期100元、39樂合彩【二

合】六期150元），平均一個月大概投入新臺幣3,000元左右。先說明，我絕對不是好賭成性，而是想碰碰運氣，看看是否能夠被幸運之神眷顧，就算中了獎我也不會辭去工作，而是會利用這筆獎金，以阿公的名義成立一個慈善基金會，然後使用裡面的款項（孳息）來幫助一些需要的孩子。哈哈，講得好像已經中獎了似的，也有可能一輩子都不會中獎啊（而且機率很大……）！沒錯，但一個月花3,000元對我來說是可以接受的，因為即使多了這3,000元，我也不會因此而發財，我願意博一下，因為我的血液裡確實有著冒險犯難的因子。彩券行的老闆娘應該知道我的身分是校長，因為有時候逢年過節我會購買一疊彩券犒賞學校同仁，老闆娘已經有好幾次都一直在幫我列印彩券（一次可能需買個七、八十張大樂透……然後拿七、八十個小紅包袋），我說我是要發給員工的。不管老闆娘是否覺得身為一個校長適合買彩券，但我認為我的動機跟出發點是良善的就好。

註：今彩539、威力彩及大樂透的頭獎獎金都相當可觀，那為何要買39樂合彩的「二合」呢？（獎金只有1,125元）我的想法是，我每週支出750元，39樂合彩二合的中獎機率較高，只要中一次我當週就可以回本，所以我就是購買三種會開大獎的彩券再加上一種開小獎的，很明顯地這是「避險措施」，也就是「雞蛋不要放在同一個籃子裡」。買彩券可以研究到如此精確，而且具有「風險管理」的觀念，雖然不常中獎，但我想跟我一樣的人或許不會很多，再加上我購買的動機（成立基金會、扶助弱勢），應該就更少了吧？況且連「註解」都可以寫這麼多極力要跟讀者們解釋的（此地無銀三百兩……），應該更是世間少有！

我會固定買一組號碼（05、XX、XX、XX、33，這不是在報明牌……），聽說這個就叫做「養牌」，買到它開出來為止，但是到目前為止最多只有中過「貳獎」2萬元，而今彩539的「頭獎」是800萬元，至於威力彩或大樂透會更多，就看有沒有機會被財神爺眷

顧了，而不是一直被衰神附身。至於養牌養了多久，我已經忘了，反正每週要買彩券也是我生活中的一種儀式感，我也不怕說出來被大家取笑。有好幾次在夢境中真的中了頭彩，然後總會在兌獎前夕就驚醒，伴隨著車子馳騁過夜深的民生社區的聲音，就知道等一下天亮還是乖乖地去上班幹活吧！但我還是要強調，若中了頭獎，獎金是要用來幫助需要的人的，這算是「發願」嗎？反正，若沒有中獎就是變成做公益而已，購買官方的彩券，總比簽賭地下的大家樂、六合彩或是實際參與賭博好，至少沒有犯法。「有買有希望」，希望發揮以小博大的效用。

我想每個人都很想中樂透，而每個人的想法也很不同。在過去幾年的校長生涯中，我的視野變得更為寬廣，也更容易關注到更多層面的議題。「莫忘世上苦人多」，我很認同這句話，因為過去5年我親自踏進了一些孩子們的家裡，才知道即便是在天龍國，弱勢家庭還是有的，搞不好蛋黃區也有呢！（之後會有專文

寫到學校到孩子家裡做家訪的種種見聞與感觸）若不是當了校長，我應該沒有機會知道這麼多。有位孩子的眼鏡臨時斷掉，配一副大概需要5,000元左右，這對一些弱勢家庭來說並不是一筆小數目，像這種「非預期性的支出」，若我知道了，我就會尋求外援，誠如我之前提過的幾位好朋友，都會三不五時被我「騷擾」（如：陳雪利女士、高美玉女士、鄭志仁先生、宋全娟女士、莊孟峯先生……等），請他（她）們伸出援手幫助學校的孩子。以上這幾位桃源國中的大貴人，都沒有拒絕過我，而且二話不說就讓資源馬上到位，我真的非常感謝，也非常感動，我能夠回報的方式就是在臉書或是這本專書裡面將他（她）們的善行全部寫出來，因為他（她）們平時都是再低調不過的人。

之前也有遇過孩子繳不出9年級校外教學（畢業旅行）的費用（以現在的物價水準，三天兩夜動輒6,000元起跳，確實也蠻驚人的）；或者是幾位課業表現不錯的孩子，可能只有某一科需要補習來加強，暑期補

習費用單科約7,000元；又或者是孩子因為參加運動代表隊，身上長期練習帶有舊傷，醫療費用也要數千元……等，總之，如果真的有心，就可以察覺到孩子們的臨時性支出實在是太多了，我也非常感謝以上幾位友人的拔刀相助，我跟這些孩子們都很幸運！然而，雖然到目前為止我的好朋友們總是慷慨解囊，但一直欠人情好像也不是辦法（電影《無間道》：「出來混，總是要還的……。」），最好的解決方式當然就是中樂透囉，這樣子孩子需要幫忙的時候我就可以不用每次都去騷擾這些朋友。不過，這當然是可遇不可求啦，因此，我本身也在法令規範之內（上限為每週4小時），徵得教育局長官的同意，每週去大學端兼課，「助理教授」一節課的鐘點費為630元，一週即是630元×4＝2,520元，一個月就是2,520元×4＝10,080元（不包含寒暑假，寒暑假沒有錢……），這1萬元我通常是拿來「做功德」的，有總比沒有好。此外，若有校外單位邀我去演講，如教育議題或是文學、文創產業相關議題，只要在不影響校務經營的狀況之

下，我通常都會答應赴約，而這些演講費用其實大部分也都是用來貼補一些公共關係費的不足。幸好我還有一些講課方面的專長，不然我還真的沒有其他生財方式，只能賭運氣了（買樂透）。我還在想說，要不要設計一張「打麻將」跟「買樂透」的SWOT分析表格呈現在本書裡面，後來想想還是算了，不要胡搞好了……。

我本來就不是一個喜歡被諸多限制絆住的人，擔任校長還真的是上天給我的很大的考驗（我的感覺，好像做這個也不行，做那個也不行……因為「觀感問題」），倒不是能力的問題，而是「心態的調適」以及「是否要順從這個圈子的遊戲規則」。我的天性是熱愛自由，喜歡到處闖盪的，這下可好了，擔任這個角色讓我連想出國都不太能去太遠的地方，能去趟日本一個禮拜應該就要偷笑了，我看歐洲或是南美洲就只好等退休之後再說了，因為我會放心不下學校。因此，買樂透我是覺得還好，也沒有犯法，如果有哪一

天「美夢成真」了，我就可以準備「大幹一場」了，如果直到「長眠」的那一天都沒有辦法中獎，那我也已經努力過了，這中間的過程就只好一直麻煩這幾位力挺我的友人了。

之前在大校服務，從來就沒有聽說校長需要去募款的例子，因為家長會的資源已經可以支應學校一整年的支出。天龍國畢竟是非常多元的地方，各路人馬聚集，因此學校的資源多寡可能也有區域上的差異。其實，我的重點當然還是擺在校務的經營與發展，而不是每天都在做發財夢，純粹只是對於「一些孩子連基本的生活開銷都有困難」這種狀況看不下去而已，但我自己的能力又有限……。教育不是萬能，但至少要給人希望，上天把我從蛋黃區調到蛋白區，一定有祂的用意，這幾年我除了感受到人情冷暖，也發現我們需要做的事情還有很多，真的是「任重道遠」。當初參加桃源國中的校長遴選時，教師會長鄭博仁老師就直截了當地跟我說：「校長，我們這裡不太可能可以貼紅榜單：建北有多少人，前三志願有多少人，讓你

在校長圈裡很有面子。但是這裡的孩子很可愛也很單純，只是資源比較欠缺，如果你願意過來北投服務，我們就會全力支持。」當年我根本沒有多加考慮，因為我剛開始教書時，面對的就是學業表現沒有特別突出，但是會讓大人疼入心坎裡的孩子，所以我絕對能夠體會當時教師會長跟我所傳達的意思。

我可以很有把握（自信）地說：「過去的5年多，我已經非常努力地透過各方人脈引進對於學校有利的資源，盡我所能地在幫助學校的孩子，無論是檯面上的，還是檯面下的（檯面下所做的完全是為了維護孩子們的自尊心）。」雖然，我到目前為止還是沒有中過大獎，不過我仍舊要感謝來自於四面八方的善心人士及慈善單位（團體）對於學校的協助，即便我將來調離桃源國中，我都希望這些資源能夠繼續留在學校給需要的孩子們。我是個很重感情的人，每次若要離開一個地方，最捨不得的就是這些學生和幾位很棒的同仁，這個從我出道教書以來就「罹患」了這種症狀，我看是無藥可醫了。也因為「罹患」這種「重

感情」的症頭，很多人跟我說這就是適合當老師（校長）的原因，或許是吧！不過，我還是覺得如果資源可以多一點，我一定可以想辦法翻轉更多孩子們的生命。反正我人生的下半場大致已經底定，除非有什麼特殊的變化，未來不管我到底有沒有中樂透，我希望我能夠一直擁有「給孩子們希望」的能力，這可不是嘴巴說說而已，我是真的很用心在這一方面。同時，也再次地感謝所有幫助過學校孩子們的友人及慈善單位（團體），您們都是教育界，也是桃源國中孩子們的貴人，我可能無法回報什麼，但我會教導孩子們知福惜福，成為一個懂得感恩的人，將來若有能力了，一定也要回饋社會！

03

家訪超有感

階級再製（Class Reproduction）、濟弱扶傾、
天龍國的幽暗角落

學生家庭訪問，在我擔任主任及組長任內，說真的我毫
無經驗。我只記得學務主任任內我的生教組長曾經偕同
輔導室的輔導組長去家訪，因為學生不明原因懼（拒）
學，後來發現是3C成癮的問題。自107年8月1日到桃源
國中任職以後，我對於「家訪」一事真的學到很多眉
角，這是桃源國中的優良傳統，從已故的徐子壽校長開
始推行這個制度，迄今已實施超過15年。徐校長的名言
「先顧飯桌，再顧書桌」至今仍影響著許多桃源國中的

師長們，也符合心理學家馬斯洛所提出的需求層次理論。在我過去5年的校長任內，若每年平均以家訪20位孩子的家庭計算，到目前為止絕對有超過100戶，見證到了每個家庭都有其故事及淵源，也確實感受到了「家家有本難念的經」這句話。

桃源國中的家訪有一套固定的模式，也善用了組織的力量並整合學校內外部的資源。首先，新生開學後會由輔導室蒐集學生的家庭背景資料，判斷哪些家庭可能比較需要家訪，再經過1個多月的觀察及與跟導師的再次確認，詢問學生及家長的意願（不會強迫），於第一次定期評量之後，大約是10月中旬，安排家訪時間，為期一週（利用5天的下班後時間）左右（普通班4個班＋特教班）。接著，以一部車的方式，由主任們輪流駕駛，校長帶隊坐在副駕駛座，後座分別為輔導主任（業務主管）、家長會長或是家長會代表、該班導師，搭配華夏社會公益協會的志工，他（她）們多半是北投、關渡或是淡水的在地人士，熟悉鄰近路況與方位，主要都是以騎機車為主，適時扮演「嚮導」的角色。17：30所有人員於校門口集結完

畢後出發，一個晚上最多大約可以訪問5戶學生家庭左右，每戶停留約20到30分鐘，換場的時間就要看其他學生家裡的遠近，所以主任們事先都會做足功課，安排最適當的路線，並預先了解學生家裡大致的狀況，也會給校長一份資料參考。到達學生住家之後，駕駛車輛的主任負責顧車，因為北投區的巷弄多半很難停車，因此車上一定要有人在。其餘人員便進到學生家裡關懷，由校長來提問一些問題，如：月收入、房子是否自有、學校具有的協助方案、學生在學校的適應情形、居家周遭環境安全、有沒有特別需要學校幫忙的地方……等，輔導主任必須邊做紀錄。若還有時間，就跟家長及學生們閒聊，校長要極力營造輕鬆愉悅又不失溫馨關懷的氛圍，並且控制時間，以免耽誤後面的行程。如此這般，連續5戶下來，平均回到學校是21：00到21：30之間，保全大哥也會等到我們返回學校之後再設定學校的保全。每戶家訪的學生家庭，華夏社會公益協會都會準備一份伴手禮及1,000元的文具費用給孩子，禮輕情意重。之後也會依據家訪所帶回的資訊進行後續的協助孩子們的工作，例如獎助學金或是其他補助的申請……等。總之，這一切的SOP都

是非常明確的，這也是我在之前的教職生涯中所沒有
歷練過的經驗。

接下來我想分享幾個我實際看到的家庭的情形，但由於
事涉學生隱私，我只會做大致性的描述，重點是在於凸
顯「天龍國的幽暗角落」，以及讓讀者們能夠了解到光
是在天龍國的弱勢家庭其實還蠻多的，而且這只是侷限
在士林、北投跟新北的淡水區而已。我們不可能去幫到
所有的孩子，但就是盡量做、傻傻做就對了。

其一，記得有一位孩子的家裡看起來並不是住家，倒
是很像工寮，木板隔間的房子。某天晚上我記得我們
一行人開車到一處頗為偏僻的地方，幾乎已沒有路燈
了，只有約莫100公尺遠的地方有微亮的燈光。一行人
便走過去，我內心嘀咕著這裡真的有住人嗎？兩旁是
工寮，走到最後一間，是一處神壇，接待我們的是孩
子的阿公，非常客氣，馬上請我們坐下並泡茶。孩子
的臥房好像就是神像後面木板隔間的地方，孩子的幾

位家人都非常客氣，想法也非常正向跟積極，到這裡我才大致鬆了一口氣。但孩子居住的環境畢竟比較偏僻又沒什麼路燈，阿公說家人基本上都會去接孩子放學，因此應該不會有安全上的疑慮。阿公也很客氣，當我們詢問他是否需要華夏或學校的一些幫忙或物資時，阿公回答可以將資源留給更需要的孩子，我聽了好感動，我想這位阿公給孩子的家庭教育一定是非常良好的。

其二，某天傍晚我們照常從學校端出發，要前往鄰近山上一個叫做埔頂的地方，結果開到一半就開始下大雨了，我們大概開了半小時左右，車子的導航根本就沒有學生家裡的地址，我們透過手機跟學生的母親約在山區的公車亭（可以讓等車的人稍坐休息的地方，通常在市區只會有公車站牌，不會有公車亭），後來學生的母親騎著機車出來引導我們，一行人總算到達學生的家裡。一樣由我詢問母親幾個問題並記錄有沒有特別的需求，母親非常健談也很樂觀，學生乖巧懂

事，也很有禮貌。25分鐘後我們準備離開，雨停了，頓時我又鬆了一口氣，若不是學生家住這裡，我一輩子可能都不會來到這個地方。值得一提的是，這位孩子過去3年在桃源國中，我印象中最晚都是07：15就會進學校了，幾乎沒有因為家裡交通不方便而上學遲到過（他每天早上一定要搭到某一班次的公車，否則就會遲到），真是一個有毅力的孩子。另外還有一位學生，家裡是住在淡水天元宮附近，我記得那次也是搭了很久的車（應該有40分鐘），搭到我都有點暈車了，天候也不佳，但我們一行人最終還是達成任務了，傻人有傻福。

其三，有一位孩子，我們踏進家裡之後，我記得連一個坐下的位子或空間好像都沒有，因為家裡堆滿了液晶電視，目測至少有50部左右（但應該沒有一部的功能是正常的……），原來家裡是做這方面的回收跟維修的，我對於滿屋子的液晶電視感到非常驚奇，真是大開眼界。這位孩子也很乖巧獨立，無需長輩特別花費心思。

其四，孩子的母親是新住民，父母離異。家裡整理得非常整齊，窗明几淨（平常就是如此，不是因為校長要去家訪才特別整理的）。雖然來自於單親且為新住民的家庭，孩子在學校的表現奇佳，是領袖型的人物。課業雖然沒有頂尖，然而擔任幹部常常可以幫導師處理諸多班務，學校所有的教職員工幾乎都認識她，導師也非常積極地幫她申請各類獎助學金，只要好好努力，我相信這位孩子一定會有扭轉生命的一天。

其五，繁華的石牌鬧區巷弄內不到15公尺的一棟舊公寓，一開門就是一股酸腐的味道，頓時分不清楚是汗味、霉味還是雜物堆積的味道，主任跟我使了一下眼色，我們都裝做若無其事的樣子，也許這就是所謂「弱勢的味道」吧！母親生病坐在輪椅，生活上還需要家人協助，重擔全部落在阿嬤身上。我心裡非常感慨，嘴巴上雖然還是得說一些正向激勵的話，但心裡面想的是：要翻轉這位孩子困難度實在是太高了……。即便如此，返校後的後續作業我們依舊照常進行著，也為這位孩子成立專有的LINE群組（我也

有加入），讓孩子最新的動態保持暢通。導師、行政及校外的社工們傾全力在照顧這位孩子，沒有思考太多，就是盡全力，如此而已，這是桃源國中老師們的日常。

以上，就舉5個例子就好，我必須強調：社經地位弱勢跟孩子在學校的表現沒有關聯，上面有幾位孩子的表現真的是超優的，會讓人疼進心坎裡。我覺得能夠跟這些孩子們相遇真的是一種緣份，能幫忙的我們都會盡量幫忙。電影《葉問2》：「**你幫我，我幫你，大家幫一幫就會過去了。**」是的，人與人之間本來就應該互相幫忙，而不是勾心鬥角，互相扯後腿。我記得念大學時有修過「教育哲學」及「教育社會學」等課程，一些專有名詞如「社會資本」、「階級再製」等，到如今我都還印象深刻。我當年只是個涉世未深、不知人間疾苦的小夥子，如今經過服兵役及職場的洗禮，已然大徹大悟。我常常在學生朝會及大學兼課時一直跟學生們強調：「**如果你（妳）對於生活的現況感到不滿足，或者是有疑慮（徬徨）的，那，**

唯一能夠改變現狀的，除了機率微乎其微的中樂透以外，就是透過『教育』的方式了。」教育應該是要能夠造成社會階層的流動（甚至我會覺得，幹嘛要有階層？我們又沒有種姓制度……），而不是「代代相傳」，亦即「階級再製」。

我們無法選擇出生在什麼樣的家庭，如果後天的教育及社會資源卻又不能發揮應有功能的話，如此一來國家社會就只能向下沉淪。在實務經驗中，我認為其實大部分並不是孩子的錯，而是整體社會結構的問題，上一代出了問題，延伸影響到下一代，接著孩子可能就會繼續步著上一代的後塵，無法翻轉。身為教育人員，實在是無法忍受這種現象不斷地在上演，因此我們持續地在家訪，過去如此，現在如此，未來可能也是如此，直到沒有需求為止……，當然希望能有那麼一天。最後，除了感謝華夏社會公益協會跟桃源國中長期合作以外，也要特別感謝陳安文教基金會在歲末時節（農曆新年前）都會提供學校數個名額的弱勢家庭補助經費（每戶約5,000元），並派員陪同學校

師長們進行家訪，讓這些孩子們的家庭也都能夠安心地過個好年，家訪的模式跟前述雷同。雖然知道這個世界可能並不如想像中的美好，但是最振奮人心的就是社會上有許多慈善團體（單位）及人士，默默地在做著助人的工作，這也符應了「臺灣最美麗的風景是人」這句話。天龍國雖然也有幽暗的角落，但資源也相對豐富，誠摯盼望這些寶貴的資源都能用在最需要的地方，因為多一位孩子的命運被扭轉，國家社會就會多一股正向的力量！

最後，我要補充一點：過去5年，從女兒5歲開始（也就是我擔任校長開始），我固定會在每年的暑假帶她去一次臺北市文山區的忠義育幼院捐贈玩具、書籍等物資，並以她的名義進行小額捐款（每次1,200元～2,000元之間），除了養成她整理幼時玩具及書籍的好習慣以外，並讓她了解自己是相對幸運的，因為有的小朋友們連玩具跟故事書都沒有，連續5年，不曾中斷，現在女兒也10歲了，越來越懂得這是在做什麼，我跟太太也感到很欣慰。

每年暑假帶女兒到忠義育幼院捐贈玩具、
書籍等物資與小額捐款

捌

靜待黎明

01

活著就有希望

突如其來的兩刀、麻將桌上體悟人生、自殺自傷及憂鬱症議題成為顯學

大學時曾經有一段時間沉迷於打麻將，學生的行情一般就是一底50元、一番20元，俗稱「五二仔」。以運氣平平、諸多經驗累積平均而論，輸贏大概就是一、兩千元，賺賺零用錢而已，而且打麻將對於四家來說就是「零和賽局（zero-sum game）」，亦即四家加起來的輸贏一定是零，因為有輸有贏（一家贏三家就叫做「三國歸一統」、三家贏一家就叫做「一家烤肉萬家香」或者是「三家分晉」、或者是兩家輸兩家贏……等），我是真的有下過功夫的，

連二十幾年前的記憶都還這麼清楚。一副撲克牌有4種花色，每一家拿一種花色的牌當做籌碼，代表新臺幣1,000元（Ace代表100元，2～10代表20元～100元，J為110元，Q為120元，K為130元，總共1,000元），因此，只要留著10、J、Q、K跟ACE，就代表半副牌還在，輸不到500元。

註：另外一種計算方式是Ace代表10元，2～10代表20元～100元，J、Q、K代表150元，總和一樣也是1,000元。

有一次，我真的是運氣比較差，在打不到2圈的情形下，已經使用到第2副牌，也就是已經輸了一千多元了，因為大家瘋狂自摸，但我還是非常有耐心地在摸牌及捨牌。結果我的下家，一位學弟，有點開玩笑式地跟我說：「學長，沒關係，活著就有希望！」是的，一語驚醒夢中人，本來前兩圈是「三家分晉」（只有我輸），結果第3圈開始，賭神上我的身了，換我當莊家，不是自摸就是有人放槍，

一路打到「連七拉七」才結束，不僅之前輸的全部贏回來了，原本「三家分晉」的局面也扭轉成為「三國歸一統」（我一家獨贏），麻將還真的可以象徵人生無常、起起落落啊！這是我的代表作！我如果再寫下去，本書就算沒有成為旅遊書，也會成為《麻將入門》之類的書籍了，還是就此打住好了。本篇文章，打麻將不是重點，「**活著就有希望**」這句話才是重點，如果連命都沒了，就什麼都沒有了，只好等下輩子了。因此，若不是長期臥病在床，生活品質很差或是沒有尊嚴的話，真的，活著就有希望！

去（111）年11月，印象中我咳了大約兩週，後來在民生社區醫生的照料之下康復了，判定是支氣管炎。我自己原本以為我確診了，但因為放心不下學校，再加上自己是一人辦公室，應該不會影響其他同仁，所以我也沒有快篩，照常上班。老醫生從我年輕時一路看著我到現在，建議我還是抽空去大醫院照個X光看看比較保險。我非常聽醫生的話，就去臺北長庚預約胸腔內科的門診，結果X光一照，在右側肺葉的右下角還真的有異常，醫生當下無法判斷是什麼東西，於是安排我在12月27日做CT（斷層掃描），並幫我轉胸腔外科門診。112年1月13日(五)傍晚，我再次

回診，胸腔外科的醫生打開片子以後皺了一下眉頭，說有3.5公分的陰影，我一聽傻眼，問醫生接下來要怎麼辦，醫生說有兩種方式，一種是切片化驗，若沒事就繼續觀察就好；另外一種就是直接動手術取出……。我問醫生說如果先擱著，半年後再做一次斷層掃描呢？結果醫生很當機立斷地「搖頭」，說不建議。後來我跟太太在診療室外面想了約10分鐘，這時下一位病人從診療室出來，很沮喪地跟家人說「醫生說我腫瘤有0.1公分，是肺癌零期」。靠X喔，那我3.5公分，是末期了嗎？我當下腦袋一片空白，而且晚上還有個非常重要的聚餐場合……。算了，就決定直接接受手術處理，由於快過年了，因此手術安排在過完年後的2月1日(三)。

當天晚上跟好朋友的聚餐，我強顏歡笑，因為我不想讓自己的心情影響大家，後來學期結束前我還帶學生去三天兩夜的畢業旅行，也一樣強顏歡笑，也不想影響孩子們歡樂且即將過年的心情。第一天晚上抵達自己的故鄉臺南，母親帶著臺南大灣的花生糖到我們下榻的飯店慰勞所有帶隊的師長們，我的心情非常矛盾，對母親欲言又止，最後我還是選擇沒有說，因為我怕母親擔心（其實若不是這本書

的出版，我的母親跟阿嬤永遠都不會知道這件事，但因為後來證實是虛驚一場，我就把它寫出來好了……）。將學生安全帶回臺北以後，期末會議結束就準備過年了，全校的教職員工只有教師會長、人事主任跟出納組長知道我過年後要開刀，因為我要詢問請假的事情（人事）。從小年夜返鄉到大年初三再北返，這期間我又跟母親和阿嬤見了幾次面，我還是沒說。四處去拜拜（武廟、大天后宮、萬福庵、佳里永昌宮、祖厝）祈求手術順利，回臺北後也去關渡宮、省城隍廟跟民生社區的慈福宮，一切就等著手術的到來。其實我很能忍痛（打針不怕、傷口痛也不怕），只是對於「未知」存在著恐懼，不知道到底那個3.5公分是什麼東西。

1月30日(一)為過完年的開工日，我召開主管會議，叮嚀同仁們我會有一週的時間不在學校，請好好準備開學相關事宜。隔天太太就陪著我去林口長庚辦理住院了，傍晚護理師過來幫我「埋針」，說針頭比較粗，會痛一點，結果我毫無感覺，反正這只是第一關而已。到了19：00，我請太太趕快坐接駁車回松山陪伴女兒，我一個人不會有問題，但手術的前一晚我確實睡得不太好。隔天早上大約9點，護

理師通知要先去做「定位」，我也不知道那是什麼，就被推出去了。幫我做定位的醫生很理性、也很親切地跟我說等一下要聽從他的指示，該閉氣就要閉氣以免危險。結果原來應該是一根彎長的針從我的背部刺入，要確定病灶的部位在哪裡，因為我是趴著所以沒看到，但背部雖然打了麻藥，卻還是有一種很奇怪的感覺。然後我也做了腦部斷層，因為醫生說以過去的經驗，我那個3.5公分的什麼東西所生長的位置很奇怪，因此他們必須確認是不是從腦部轉移下來的，到此時我已經覺得反正要怎樣都無所謂了，就是聽醫生的話好好地配合就是了。定位做完，我被推回病房，等候正式手術，大約過了1小時，護理站通知準備手術，於是我就被推到手術房了。

距離18歲因為靜脈曲張進過手術房之後，相隔已近30年沒有再進去過，開刀房光線非常明亮，醫護人員各司其職，每個人都有自己負責的工作，而且非常忙碌。一位護理師跟我說即將開始囉，叫我深呼吸，當然後來我就睡著了。醒來時，太太已經在我身邊，感覺她的神情算是放鬆且有點要笑出來的樣子，我問她怎麼回事，她說醫生說我不是肺癌，而是「隱球菌感染」，主要的感染源是來自於「鴿

糞」，因此幫我動手術的醫生以為我的職業是養鴿人家，或者是洗水塔的人員。我聽得一頭霧水，第一次聽過隱球菌這種東西，他X的害拎北緊張了半個多月，連過年也沒有好好過……。反正，沒事就好，虛驚一場。麻醉藥退了以後，我馬上就可以下床走動，幾位護理師嘖嘖稱奇，好奇我為什麼都不會怕痛，我沒有故意在逞強，但我真的覺得比起心理上的恐懼而言，這種傷口的疼痛根本就沒有什麼，結果胸腔右側多了兩個傷口，一個是內視鏡的，一個則是引流管的。倒是從1月13日被宣判有3.5公分的陰影開始到2月1日確認沒事的這段期間，腦海中閃過了諸多的人生跑馬燈，生死是必然，只是這個消息來得有點突然，我連開刀都只考慮了10分鐘而已，而且學校還有很多事情還沒完成，然後我的家人怎麼辦……，千頭萬緒，我想如果是親自經歷過這種經驗的讀者，一定會知道我想要表達什麼。

開刀前，學校的期末會議，師長們因為研發IB國際文憑課程等諸多因素，累積了一整個學期的疲累，情緒在會議中爆發出來，其實當下我都知道怎麼回應及

溝通，但我只有說「各位師長們的建議校長都虛心接受、承擔一切，但是請大家還是要繼續努力」，沒有再多說什麼，因為大家散會後要去聚餐，我不想耽誤時間，然後自己心情也不好。聚餐我沒有去，因為我留在學校將請假期間的學校事務做一個整理，預計在過年後開工的第1天跟主任們說明。南部的家人及恩師秦夢群教授，我全部都沒有講，很簡單，就是不要讓他（她）們擔心。如果我賭贏了，就當做什麼事都沒有發生過；若我賭輸了，接下來可能就是要面對一連串的醫療措施了。感謝老天爺，這次讓我賭贏了，我非常珍惜這個「重生」的機會，也更堅定以後若有更大的能量，我一定會盡我所能幫助更多的孩子！歷經這「突如其來的兩刀」，讓我更加體會到健康的重要性，不只是身體，心靈也一樣重要。

「活著就有希望」，是的，現代醫學非常進步，臺灣的醫療技術也是全球有名的。我個人認為，如果你（妳）的身體是健康的，那就更應該讓自己的心靈也得到良好的照顧。近年來，青少年自殺或自傷的議題引起社會大眾廣泛的關注，在學校端，造成青少年憂

鬱的大部分的原因是3C成癮、網路交友、人際關係經營、課業……等，有些原因真的是可以預防的，例如虛擬世界的危險性就必須跟青少年好好地宣導，不要讓他（她）們本末倒置、劃錯重點，誤以為虛擬世界的人才是真實的……。有些人很想好好地活著，卻每天都要面臨諸多不確定性，如烏俄戰爭，或者是罹患罕見疾病等。如果上天給了你（妳）健康的身體及心靈，那更應當要好好珍惜，因為世界上還有很多地方，有人很辛苦地在過生活，甚至不要說全世界，天龍國就有啊！

我住院四天三夜就出院了，醫生說我復原得很好，以後只要定期追蹤即可。除了感謝救了我的醫護人員，也感謝我的太太每天在教育部、松山民生社區跟林口長庚醫院之間的奔波，手術完還買了3杯珍煮丹的珍珠豆花讓我吃（喝）個過癮，因為麻醉藥退了以後口真的好渴，醫生說我是肺部動手術，所以在飲食方面沒有什麼禁忌，就是照樣吃喝就對了。還有我心思敏銳的女兒子龍，當初會給她取名為子龍，除了她生肖屬龍以外，也是希望她能夠具有三國時代蜀國五虎大

將趙子龍的「一身是膽」之特質。其實在我開刀前夕她應該可以感受得到家裡的氛圍有點嚴肅及恐慌，但她一樣扮演開心果的角色，不讓我們看出她的焦慮，我住院的那四天三夜她都乖乖地住在岳父母家裡，實在是讓人感到非常貼心的孩子。還有我之前的學務團隊（潔如、志忠、宇廷）、桃源國中的夥伴們（四位主任、明哲、元復、易儒）及幾位好朋友說要來林口長庚醫院看我，我一律請他（她）們不用特別跑一趟，因為證實是虛驚一場；特別也感謝家長會祐禎會長跟沁穎副會長在我手術前給我的加油打氣，這份情誼我會銘記在心！其中，元復、易儒還說要開車來接我出院，我想說我又不是從看守所出來的，就不用驚動大家，感謝這些同仁及朋友們！

這次我僥倖過關了，我會好好地珍惜家人、相知相惜的朋友們跟我的學生們，接下來或許有機會「大幹一場」了，您們覺得呢？

註：這本書就是因為手術的關係，讓我更加堅定信念要寫出來。

助人就是自助

療癒自己、一種「被需要」的感覺、開設會考作文社團並留守第9節解題班

教育是一種「助人」的志業，從十幾年前擔任老師以來我就有著強烈的感受。這一路走來所遇到的挫折並不算少，然而每每看到學生們真誠開心的眼神，或者是收到學生們的卡片，都會讓我從一洩千里的狀況又重新燃起鬥志。當然，一路上提攜我的前輩們及志同道合的朋友們所給予我的支持與鼓勵也是促使我繼續奮鬥的一個重要因子。之前說過，從老師、組長、主任，一直到校長，全部都不在我的人生規劃之中，但一路走來就是如此，讓我不得不

讚嘆命運神奇的安排。當年跟我感情很要好的學務團隊，結果因為我遴選上校長，變成要離開原來的學校（這中間有一段淒美……喔不是，是辛酸的故事，就省略吧～）。每天清晨，車子從民生社區立體停車場開出來，一定會看到之前所服務的學校的校舍，但是卻越開越遠，直到消失在我的視線中。一開始那種感覺是非常難受的，因為我熟悉的人事物一下子都不見了。我並沒有不喜歡現在的學校（不然我做那麼多事情，「是在哈囉」？），只是因為我的罩門就是太重感情，實在是對於命運的安排有點無奈。初任校長那一年，我雖然身強體健，但是我覺得我內心其實是有生病的，因為當時就是嚥不下那口「為何要離開原來服務的學校」的氣。不過，這都過去了，過去5年的校長生涯，我感受到自己責任的重大，即便學校只有300位孩子，我能夠幫多少就幫多少，只有在幫忙孩子的過程中，我可以專心一致，不去胡思亂想那些所謂的「江湖恩怨」，將自己陷入在負面的情緒裡。

以另外一個角度思考，其實這些孩子們也是我的（心理）醫生呢！即便是亂哈啦，我也覺得跟他（她）們在一起真的是無憂無慮，所以我在桃源國中跟孩子們基本上是沒有距離的，很多人都可以作證。然而，誠如之前的篇幅所提，青少年憂鬱症的議題在近年來成為顯學，很多人可能只是單純地以為絕大部分一定是課業壓力，但我在現場看到的卻不僅是如此而已。時代及科技的變化太快，智慧型手機問世以後，強大的功能讓許多的人們沉迷其中，當然也包含了青少年族群。他（她）們使用資訊科技的能力一流，但這中間似乎忘了有些基本的能力是不會隨著時代的變化就退流行的，例如演講能力、寫作能力等，機器人可以幫你（妳）宣佈事情，但演講過程中所投入的感情或者是跟聽眾們的互動，我想如果哪一天連機器人都可以「代勞」了，那人類的時代應該也差不多要結束了吧？寫作能力也是，近來超火紅的ChatGPT，我是不懂箇中道理啦，但我有把握我寫出來的文章絕對是比機器亂拼湊出來的還有感情，還包含有一些真實經歷過的人生經驗，難道連「感情」也可以「量身訂做」嗎？那，人類的存在還有意義嗎？

如果我從年輕一路走來所遇到的這些莫名其妙的挫折，再加上年初胸腔被開了兩刀這些鳥事，都不能把我擊垮的話，我有把握我應該是一個抗壓性很強的人，說自己是「打不死的蟑螂」很奇怪，就往自己臉上貼金，引用楊逵先生的「壓不扁的玫瑰」好了。我常常會利用學校的朝會或是大型的活動場合，抓住機會跟孩子們分享一些激勵人心的案例，當然，故事主角不一定是我自己，我也常常會「改編」自己的故事，再加入其他品德教育的元素加以呈現，我的內心其實有很多的「小劇場」，信手拈來、俯拾即是，不知道這是不是已經病得很嚴重了？哈！總之，我的目的就是要學生們的眼界再寬廣一點，忍受挫折的能耐再高一點，以及對人的關懷再主動一點，因為這些統統都是「友善校園」的元素啊！

為了能夠更「滲透」進去學生的團體，以及拉升他（她）們的課業，我特別請學務處幫我開設了「教育會考作文社團」，一學期總共有8次的上課機會，每次2節課。我絕對不是為了378×2×8＝6,048元的鐘點費而開課（這些錢可能買幾個禮盒送給外賓就沒有

了），而是純粹想跟孩子們互動，並且把自己認為所擅長的能力教給他（她）們。雖然上課的人數只有十餘人，但是我每次都會準備非常豐富的材料跟他（她）們分享。還有我自己每週四也會留守第9節（17：00～17：45），主要是負責國文科的解題及推動閱讀工作，這個班是混齡的，大部分是7跟8年級的孩子，約25人，我每週都會準備一篇課外閱讀文章或是一個文學典故跟學生們分享，一節課有45分鐘，我至少都會講滿30分鐘才讓他（她）們寫自己的功課及作業。久而久之，學生們跟我已經達成默契，反正校長喜歡講課，就讓我先講足30分鐘，這30分鐘之內幾乎所有的學生都會放下手邊的工作聽我講解，我覺得這是很好的一種教學相長的氛圍。每個人都有擅長的地方，我從小對於「手作」或「實作」方面的事情比較沒有興趣，雙手可能也不是很靈巧。但是我覺得我的演說及作文能力還有值得孩子們學習的地方，因此才會有上述校長自己開設作文社團及留守第9節的做法，我不知道這在臺北市的校長圈是不是唯一，但是我做得很高興，因為我會有一種「被需要的感覺」，找到自己的部分價值。

以下，列舉一些我曾經分享給學生們的文學典故或國學常識供讀者們參考：

一、 王國維先生的〈人生三境界〉

前面的篇幅已有提過，這邊就省略。

二、 文天祥的〈過零丁洋〉詩

除了解釋詩義（最後兩句超經典），並略述文天祥的生平事蹟。現在的國中生幾乎沒有人知道文天祥是誰，但我就是要講，讓他（她）們能夠多一點寫作的題材，尤其是跟品德教育相關的素材。

> 辛苦遭逢起一經，干戈寥落四周星。山河破碎風飄絮，身世浮沉雨打萍。
>
> 惶恐灘頭說惶恐，零丁洋裡嘆零丁。人生自古誰無死？留取丹心照汗青。

三、 《左傳》三不朽

立德（樹立德行）、立功（建立功業）、立言（成立言論）。

四、 唐寅（唐伯虎）的〈桃花庵歌〉

主要是要讓孩子們了解詩人為何能有那股淡泊名利的自信與胸懷。尤其最後四句，是經典中的經典。

> 桃花塢裏桃花庵，桃花庵下桃花仙。桃花仙人種桃樹，又摘桃花換酒錢。
>
> 酒醒只在花前坐，酒醉還來花下眠。半醒半醉日復日，花落花開年復年。
>
> 但願老死花酒間，不願鞠躬車馬前。車塵馬足富者趣，酒盞花枝貧者緣。
>
> 若將富貴比貧賤，一在平地一在天。若將貧賤比車馬，他得驅馳我得閒。
>
> 別人笑我太瘋癲，我笑他人看不穿。不見五陵豪傑墓，無花無酒鋤作田。

五、 文天祥《衣帶贊》

品德教育、精忠愛國的題材。

> 孔曰成仁，孟曰取義，唯其義盡，所以仁至。
>
> 讀聖賢書，所學何事？而今而後，庶幾無愧。

六、 楊慎〈三國演義卷頭語〉

讓學生體會豁達、笑看人生的胸懷。

> 滾滾長江東逝水，浪花淘盡英雄。是非成敗轉頭空。
>
> 青山依舊在，幾度夕陽紅。
>
> 白髮漁樵江渚上，慣看秋月春風。一壺濁酒喜相逢。
>
> 古今多少事，都付笑談中。

七、 蘇軾〈赤壁賦〉

讓學生體會豁達、笑看人生的胸懷。

> 客亦知夫水與月乎？逝者如斯，而未嘗往也；盈虛者如彼，而卒莫消長也。蓋將自其變者而觀之，則天地曾不能以一瞬；自其不變者而觀之，則物與我皆無盡也，而又何羨乎！且夫天地之間，物各有主，苟非吾之所有，雖一毫而莫取。惟江上之清風，與山間之明月，耳得之而為聲，目遇之而成色，取之無禁，用之不竭。是造物者之無盡藏也，而吾與子之所共適。

八、 蘇軾〈念奴嬌‧赤壁懷古〉

讓學生體會豁達、笑看人生的胸懷。

> 大江東去，浪淘盡、千古風流人物。故壘西邊，人道是、三國周郎赤壁。
>
> 亂石崩雲，驚濤裂岸，捲起千堆雪。江山如畫，一時多少豪傑！
>
> 遙想公瑾當年，小喬初嫁了，雄姿英發。羽扇綸巾，談笑間、檣櫓灰飛煙滅。故國神遊，多情應笑我、早生華髮。人生如夢，一樽還酹江月。

九、 蘇軾〈水調歌頭〉

詠物、抒情、思念親人、無奈中仍帶有希望。

> 明月幾時有？把酒問青天。不知天上宮闕，今夕是何年？
>
> 我欲乘風歸去，又恐瓊樓玉宇，高處不勝寒。
>
> 起舞弄清影，何似在人間？
>
> 轉朱閣，低綺戶，照無眠。不應有恨，何事長向別時圓？
>
> 人有悲歡離合，月有陰晴圓缺，此事古難全。但願人長久，千里共嬋娟。

以上作品都是我曾經在教育會考作文社團或者是第9節分享給學生們的教材，很多時候我的課堂其實就是在講故事，再搭配我略帶詼諧搞笑又有點江湖味的口吻，我相信孩子們應該不會覺得太無聊，如此做的用意，就是希望他（她）們往後遇到作文考試，或甚至是更遠的未來在職場上的應對進退，能夠派上用場。我常常說，只要題目稍微跟這些題材有關係，就大膽地將它們引用出來，我相信以國中生的程度能夠寫出這些東西，只要不要文不對題，或者是引用錯誤，在作文的考試上面應該都會有正面的助益。然後我自己也意外地發現，我所喜歡的作品幾乎都有一些共同元素環繞其間，不外乎是品德、報效國家、豁達、淡泊名利、與人之間的情感……等，我想這已經定型了，這輩子已經沒有機會再轉型囉！

我一直所抱持的信念（Belief）就是：**助人就是自助**。在我擔任教職的生涯中，這個信念屢試不爽。有很多時候，其實是這些孩子們救了我，而不是我教給了他（她）們什麼。教育這條路確實不好走啊，尤其是在現今如此多元的時代與社會，然而也因為如此，我們

更應當接受挑戰，至少也要教導孩子們能夠具有判斷是非的能力，讓他（她）們能夠選擇適合自己的人生道路並勇於面對人生的挑戰，我認為這樣子的教育才是主軸，當然，這不是嘴巴上說說而已，而是需要很多的配套措施跟一群志同道合的夥伴們一起努力，而我，此刻正在行走這條路！

03

為了生活我可以忍

在隱忍中期待、在期待中隱忍（余秋雨〈十萬進士〉）、IB國際文憑課程

電影《葉問2》洪師傅：「為了生活我可以忍，但侮辱中國武術就不行！」最後，洪師傅戰死擂台⋯⋯。雖然這只是電影情節，但洪師傅維護（捍衛）一種理念的堅持確實令人動容。我可以說，電影中的洪師傅也跟現實世界中的王國維先生一樣，是死於一種「文化」。滿清末年的那段歷史，確實會令人潸然淚下，我記得國中歷史有教過，從清末自強運動才開始學習外國人的船堅砲利，而在那之前，幾乎是封閉的。現在是21世紀了，地球村的世界早就來

臨，我們的生活沒有一天可以不跟國際接軌，除非，你（妳）就直接隱居起來，然後拔掉所有網路管線。近年來，政府對於國際教育的推動也十分給力，除了臺灣本來就是一個多元文化所構成的社會以外，也希望國民基本教育也能有國際教育的元素，如此培育出來的主人翁，才能具有國際視野，遇到大場面時也才不會驚慌失措，貽笑大方。於是乎，雙語學校、國際學校如雨後春筍般地遍地開花，即便連幼兒園或安親班也都強調雙語，目前蔚為風尚。

桃源國中非常幸運，受到教育局長官的鼓勵與重視，我們在去（111）年申請了IB國際文憑的教育方案，在111年7月15日正式接到IB組織的通知，成為IBMYP（International Baccalaureate Middle Years Programme 國際文憑中學階段）的候選學校。之前申請的前置作業由我本人一手操刀，亦即填報IB的英文網頁，這可不是找一位英文老師來代填這麼簡單而已，因為所需要填到的資料還有學校行政端的一些狀況，諸如學校願景、課程規劃等。我的英文底子還不錯，所以就卯起來跟IB的網頁鬥智，只要所填寫的資料是OK的，

網頁的對話方塊就會變成綠色。於是我就一格一格地將它們逐步完成，花了大約一週的時間。然而，接下來的事情才是考驗的開始，教育局的經費到位後，要開始請老師們去接受IB理念的專業訓練課程，這些課程採線上方式進行，所費不貲，3天的課程要價約新臺幣16,000元左右。因此，桃源國中的老師們除了平常在學校的例行工作以外，還要上課及規劃符合IB理念與精神的課程，這真的是一項大工程啊！課程的翻轉也代表著教師社群文化的改變（有幾位老師成為分享IB理念的高手呢～），我確實能夠感受得到老師們的辛苦，而怨言是一定會有的，我的角色就是陪伴及聆聽，並設法解決一些不太確定的問題，這些問題通常是沒有先例的，老師們多少會有點抗拒及恐慌，但我的想法是，沒有先例不是更好？只要不抵觸法令，很多東西就是我們桃源國中的團隊自行研發創造出來的，不是嗎？

獲得IB候選學校的資格滿1年了，如果順利的話，我們預計在113年6月取得正式認證，這對於桃源國中的校史將會是重要的里程碑。當然，不可否認的，以臺

灣目前的社會氛圍而言，家長們可能最重視的還是升學率的問題，我這邊也不是要幫IB打廣告，但就我的了解，IB教給孩子的是一套「**學習的方法**」（**探究實作、跨領域課程學習**），而不是傳統的填鴨式教學，至於家長們要如何看待，那就是「教育選擇權」的問題了。老師們也會擔心實施IB課程是否會佔用到複習考試課程的時間，這當然是一定的，因為總量就那麼多而已。只是，如果以我的想法，我認為既然過去的50年（今年適逢桃源國中創校50週年）桃源國中在臺北市也不是被定位成升學型的學校，何不趁此機會轉變一下？搞不好會有意想不到的效果也不一定。我絕對不是要將孩子的學習拿來賭一把，既然IB是國際認可的理念，而且又是要付費的，就表示它在國際上有一定的認同度跟市場，而國際教育的重要性又不言可喻，我認為這真的是桃源國中的一個契機，雖然老師們真的十分辛苦。當然，不想做（改變）的，就會找幾千幾百個理由來推託，這也是人之常情，而我也不是非要IB不可，更不是要拍長官馬屁，同樣是校長我也可以爽爽地過日子就好不是嗎？說真的，今年年初會挨兩刀搞不好就是工作上太勞累導致免疫力降低的

原因，不然我的生活中哪裡來的鴿糞（感染源）？但學校確實是有蠻多鳥類棲息的……唉！總之，除非教育局長官有明白表示IB的經費出現短缺，無法讓學校繼續進行認證工作，否則頭既然洗下去了，洗到一半就終止，導致整個頭上都是泡泡，我是覺得會讓人笑掉大牙啦！大人在做什麼，其實學生們也都看在眼裡啊！只要我在學校的一天，我就會扮演好我陪伴（鼓勵）師長們的角色，至於未來就靜觀其變吧！

余秋雨先生在〈十萬進士〉一文中有談到中國的科舉制度，起自隋代，終於清末。然而真的沒有科舉了嗎？像考大學、考高普特考、考律師、考檢察官、考教甄、考校長、考主任等，這其實不也很像科舉嗎？我是從小考到大的，體驗很深刻啊！不過這邊想特別提及的是在文中余秋雨先生有提到「**在隱忍中期待，在期待中隱忍**」的詞句，我覺得實在是寫得太好了，中國歷代的知識分子有部分就是屬於這種類型的，他們就在這兩句話的循環中渡過了一生。我記得我在考候用校長的時候，刻意將這兩句話融入在口試的自我介紹中，亦即「影響我最深的一段話」，結果口試委

員聽了之後笑著問我：「你到底是在隱忍什麼？又是在期待什麼？」我回答：「報告委員：『我期待的是在教育這個領域裡，能夠看到每一位孩子都能找到自己的人生道路並勇於接受挑戰，不要成為迷途羔羊；而在達到這個目標之前，我知道我必須隱忍一些職場上或是社會上不公不義的現象。』」口試委員頻頻點頭並微笑，後來聽說我好像是所有考生裡面口試成績的第2名（筆試分數是第1名），順利錄取，也就開啟了我的（候用）校長生涯。這條路雖然有著重重關卡，但我目前就是努力的在行走著。

整本書到這裡也差不多要接近尾聲了，雖然我的年紀尚未「半百」，但我認為我吃過的苦頭及受過的挫折已經讓我的心智年齡有了「超齡」的狀況，EQ及修養也可能比一般人稍微「好一點」（我只敢說「好一點」，因為要謙虛⋯⋯），在往後還有十幾年的職涯中，無論我扮演什麼角色，我都會謹記恩師的教誨及諸位前輩們的叮嚀，要做一個「有情有義」的人。我跟電影《葉問2》裡面的洪師傅一樣，為了生活我都可以忍，為了家人、朋友及學生們，我都可以身段柔軟，甚至到處欠人

情，或者是用我最擅長的寫文章（文字的運用）去回報這些曾經幫助過我或是我學校的學生的人士。老天爺很公平，讓每個人身上一定都有一些與眾不同的特質，我想我的特質非常明顯，不再贅述。很高興這本書在今（112）年暑假的期間完工了，寫作時間大約有3個月左右，但書中所敘述的是近50年的生命歷程，而所蘊藏的情感則是「無限大」。我當老師以來從來就沒有放過寒暑假，早已習慣每天上班、不來學校要請假的生活，生理時鐘也自動會在清晨5點就醒來，要我一直窩在家裡無所事事，對我來說是一件非常痛苦的事，我是天生的勞碌命。不知道未來還會有什麼樣的挫折及挑戰等著我，如：再來兩刀？（呸呸呸，最好是不要再挨刀子了……）身邊奸邪的小人越來越多？或者是其他？我看也不用想那麼多了，因為我對於自己的抗壓性及敏銳度是有信心的。

最後，附帶一提，我是從小看著港片長大的，我知道有些人士非常不喜歡港片，認為電影情節多半是打打殺殺，或者是粗俗、無厘頭等，這些我不予評論，也予以尊重。然而我從港片中學習到的最重要的元素就

是「**情**」與「**義**」兩個字（周星馳電影《食神》：「情和義，值千金……。」），在這本書中我所引用了許多港片的「梗」，這是我寫作跟教學上的習慣。其實諸多港片中也包含了中華文化元素的呈現，這可能是好萊塢的電影（洋片）所沒有辦法精準詮釋的部分。然而，我的心胸是開放的（因為已經被劃了兩刀了），東西方文化都各有其精髓，未來的世界需要的是能接納不同文化及視野的人才，我很希望自己能夠在此一領域更加精進，也希望能夠持續遇到志同道合的夥伴們一起努力。很感念我的阿公、阿嬤及母親（雖然父親比較早下課……）教導我成為「現在的我」，現在的我就算沒有成就什麼大事業，但至少我絕對不是一個壞人，對朋友、對學生都是赤誠以待；也感謝我的家人們陪伴我渡過一些風風雨雨與人生挫折，對很多人來說，這本書所描述的情節或許沒有什麼，但這就是我的「人生」啊！每個人的人生都是獨一無二的！

劉德華的電影《三國之見龍卸甲》裡的趙子龍用極度堅定的態度跟眼神對丞相諸葛亮說：「老將常山趙子龍候命！」若有朝一日，我有幸遇到能夠讓我願意拋頭顱、灑熱血的伯樂，我一定也會跟他（她）講這句話！

靜待黎明～

《三小咖校長的天龍【國】八部》，至此告一段落，往後若有機會再出續集，再請各位讀者及大德們繼續支持。教育議題五花八門，牽涉到社會諸多面向，本書若有疏漏之處，誠摯盼望諸位先進予以指導，再次強調書中所述內容並無任何特定立場，純粹為作者個人之所見所聞及夜闌人靜時之所思所想，如此而已！

教育部核發之
大學助理教授證書

2019年日本橫須賀軍港留影

後記

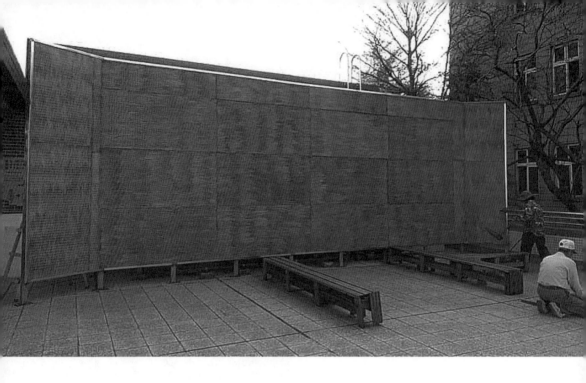

聽弟弟說這是阿公80歲左右還去接的一個案子，這一整面
榻榻米牆是要做為射箭用途，也就是「箭靶」的意思。這
到底是怎麼「拼」起來的，我都覺得阿公未免也太神通廣
大了吧？（註：榻榻米一塊是3（台）尺×6（台）尺，兩
塊拼起來即是一「坪」。根據目測，照片中至少有20塊榻
榻米。）

照片中右下角的那個人即是阿公，我說阿公除了老當益壯
之外，最令我敬佩的是他那種不服老，一直還想要賺錢給
子孫們過好日子的精神，自己卻省吃儉用一輩子。阿公在

兩年多前（110年2月）走了，然而他的精神與風範卻永遠深植於後代子孫們的心中！在阿公生命的最後半年，感謝我的妹妹、妹婿及兩位外甥（女）對於阿公貼心的照顧，我想阿公雖然身體有病痛，但心裡一定是欣慰的！

這本書，無論讀者們評價如何，我都虛心接受；至於銷售量多少，反而不是我所在乎的事情。未來到底還會有什麼樣的挑戰或挫折等著我，我想我也都會勇敢面對，因為看到阿公的這張照片，我覺得80歲左右的阿公都能如此了，我身上一定也有遺傳到阿公的部分特質。經過好幾個月寫作的日子，守著學校、守在電腦前面，將平常諸多較為雜亂的思緒做一個統整性的整理，完成後確實有一種「療癒」及「重新出發」的感覺。現今的社會風氣與教育工作不同於以往，我也抱著如履薄冰的心態，一步一步地在行走著，伴隨著挫折跟無奈，但我畢竟已非當年的吳下阿蒙，相信應該可以經得起更多的考驗。今後的天涯路要怎麼走，我可以有一股自信地說：「**如果給我更多的資源，我可以做的事情必定會更多，可以幫助的人也會更多。**」

國家圖書館出版品預行編目資料

三小咖校長的天龍國八部/洪偉盛作. -- 第一版. --
新北市 : 商鼎數位出版有限公司, 2023.10

   面；   公分

ISBN 978-986-144-242-6 (平裝)

1.CST: 洪偉盛 2.CST: 傳記

783.3886   112015631

三小咖校長的天龍國八部

作　　者　洪偉盛 校長

發 行 人　王秋鴻
出 版 者　商鼎數位出版有限公司
　　　　　地址／235 新北市中和區中山路三段136巷10弄17號
　　　　　電話／(02)2228-9070　傳真／(02)2228-9076
　　　　　網路客服信箱：scbkservice@gmail.com

編 輯 經 理　甯開遠
執 行 編 輯　廖信凱
獨立出版總監　黃麗珍
編 排 設 計　翁以健

商鼎官網

來出書吧！

2023年11月1日出版　第一版／第一刷